U0129241

易經現代觀

唐立誠 著

文史哲學集成
文史哲出版社印行

國家圖書館出版品預行編目資料

易經現代觀 / 唐立誠著.-- 初版 -- 臺北市：
文史哲, 民 103.11
頁；公分（文史哲學集成；667）
參考書目：頁
ISBN 978-986-314-229-4（平裝）

1.易經 2.研究考訂

121.17   103022633

文史哲學集成 667

易經現代觀

著　　者：唐　　　立　　　誠
編　輯　者：李　　　元　　　哲
出　版　者：文　史　哲　出　版　社
　　　　　　http://www.lapen.com.tw
　　　　　　e-mail：lapen@ms74.hinet.net
登記證字號：行政院新聞局版臺業字五三三七號
發　行　人：彭　　　正　　　雄
發　行　所：文　史　哲　出　版　社
印　刷　者：文　史　哲　出　版　社
　　　　　　臺北市羅斯福路一段七十二巷四號
　　　　　　郵政劃撥帳號：一六一八〇一七五
　　　　　　電話886-2-23511028・傳真886-2-23965656

定價新臺幣三二〇元 美金十二元

中華民國一〇三年（2014）十一月初版

ISBN 978-986-314-229-4　　00667

易經現代觀

目　次

第三篇　實用篇
—將日常疑難分七類作答—

第一章　乾　宮

第二章　兌　宮

第三章　離　宮

第四章　震　宮

第一篇　基礎篇

　　四書五經是中國文化的源頭。

　　四書是①大學、②中庸、③論語、④孟子。這些孔孟儒家思想是在五經之後。

　　五經是：①詩、②書、③禮、④易、⑤春秋。易經被稱為五經之首。由伏羲創先天八卦，周文王作卦辭、周公作爻辭、孔子論十翼（彖辭，大象，小象；文言上，文言下；繫辭上，下；說卦，序卦，雜卦。）

　　我們先由伏羲八卦說起。

第一章　伏羲八卦

　　伏羲觀察自然，認為天一望無際，用一長線代表，又稱陽；地上凹凸，就用二短線代表，又稱陰。得兩儀，天（陽），地（陰）。在天地之上，再加一陽，一陰，得四象，老陽，少陰，少陽，老陰。再在四象上，各加一陽，一陰，得八卦。乾、兌、離，震，巽，坎，艮，坤。就是先天八卦，以天地自然為軸。

陽 ━━━				陰 ━ ━			
老陽 ⚌		少陰 ⚍		少陽 ⚎		老陰 ⚏	
乾☰	兌☱	離☲	震☳	巽☴	坎☵	艮☶	坤☷

　　首先畫十字，又加一個叉×，便成米字形，上面加數字，依序加上八卦；再畫成圖形，由中心向外看，就是家門口掛的八卦圖。

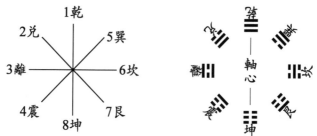

　　天象上①乾天，②兌澤，③離火，④雷震，⑤巽風，⑥坎水，⑦艮山，⑧坤地。

　　若依家庭的生成，由乾卦底下往上改變為陰，得
長女☴（巽），次女☲（離），幼女☱（兌）。

　　由坤卦底下往上改變為陽，得
長子☳（震），次子☵（坎），幼子☶（艮）。

　　注意：易經的方位，恰與現在的地理方位相反。

第二章 文王八卦

周文王依政教人文立場，將先天八卦作一重新排列，由左手起，順時鐘轉得：①震雷，②巽風，③離火，④坤地，⑤兌澤，⑥乾天，⑦坎水，⑧艮山。將火立於上，水立於下，以人事水火作中心軸。

以人間活動為標準，畫成後天八卦，也是命理上常用的八卦。

第三章 六十四卦（復卦）

單卦重疊便成為 8x8=64 卦（復卦），每一卦有一個名稱，這些名稱有其自然順序，學者必須依序熟記，并了解其代表的意義。

乾　伏羲一畫開天，乾就代表天。易之根在奇（——）六陽爻是乾之復卦。

坤　坤代表地，也是易之根在偶（— —）六陰爻是坤之復卦。
　　先有天地，才生萬物。（隨後有六十四卦。）

屯　水雷屯是萬物充盈的現象。
　　上坎水下震雷是復卦屯。

蒙 ䷃ 山水蒙是天道始開，地道始成，萬物初生，是蒙昧無知，也是微弱幼稚。上艮山，下坎水是蒙的復卦。

需 ䷄ 水天需是幼稚微弱者，要依賴養育，培植、教化，就是需，也是需要，從飲食攝取營養。

上坎水下乾天是需之復卦。

訟 ䷅ 天水訟，為求備足生活的需要，一定有彼此互爭的事發生，就會有爭奪，訟訴。有原告及被告。上乾天下坎水是訟之復卦。

師 ䷆ 地水師，是眾多，有訟，必有群眾，有群眾就要有統領及比輔。上坤地下坎水，是師之復卦。

比 ䷇ 水地比是親比輔佐，互助。

上坎水，下坤地是比之復卦。

小畜 ䷈ 風天小畜是有聚合，有輔助，就會有積畜。

上巽風，下乾天是小畜之復卦

履 ䷉ 天澤履是禮節的實踐，有了積畜，才能講究禮節，做事和順才有平安。上乾天，下兌澤是履的復卦

泰 ䷊ 地天泰是平安通順。

上坤地，下乾天是泰之復卦。

否 ䷋ 天地否，環境不能永遠安泰，會發生否逆。

上乾天，下坤地是否之復卦。

同人 ䷌ 天火同人，事物環境不能永久不通過，必須有協同的人相助，解決其否逆。

上乾天，下離火是同人之復卦。

大有☰ 火天大有，同人若能除去私見，必有眾多來歸，來歸眾
☰ 多，會大有發展。

謙 ☷ 地山謙，有了大的才能，大的財富，大的事業，
☶ 大的權勢，高高在上，就要對人謙恭。

豫 ☳ 雷地豫，有人謙恭，處世和平，自然安樂和順。豫就是居
☷ 上者能使大眾和樂安順。
上雷天，下坤地是豫的復卦。

隨 ☱ 和樂安順，恩澤群眾，就會有感服，隨順的群眾。
☳ 上澤兌，下雷震是隨的復卦。

蠱 ☶ 山風蠱，個性隨和，順從別人意見，隨著發生蠱惑，壞亂
☴ 現象。
上艮山，下巽風是蠱的復卦。

臨 ☷ 蠱惑壞亂擴大，到臨修復的時期。
☱ 上坤地，下兌澤是臨的復卦。

觀 ☴ 風地觀，在修復之前、應先仔細觀察，動亂之原由。
☷ 上巽風，下坤地是觀的復卦。

噬嗑☲ 火雷噬嗑，是咬斷，是修治。
☳ 上離火，下震雷是噬嗑之復卦。

賁 ☶ 山水賁，事物不可隨便了結，必須有裝飾，以達到美好。
☲ 便是賁。
上艮山，下離火是賁之復卦。

剝 ☶☷ 山地剝，文飾過度，裝飾過甚，虛偽至極，便會發生剝，剝是剝削損失，受害，受迫。
上艮山，下坤地是剝之復卦。

復 ☷☳ 地雷復，剝落，凋零至極，必有泰天到來，這是天道復還，復興，恢復。
上坤地，下雷震是復之復卦。

無妄 ☰☳ 天雷無妄，在恢復期，自然沒有狂妄，欺詐。
上乾天，下雷震是無妄之復卦。

大畜 ☶☰ 山天大畜，這時人人崇高儉樸，漸漸積蓄而成大蓄。
上艮山，下乾天是大畜之復卦。

頤 ☶☳ 山雷頤，財物大畜，才能撫養，教化，就是頤養。
上艮山，下雷震是頤之復卦。（像開口露牙笑哈哈。）

大過 ☱☴ 澤風大過，一切活動即要有一定限度，如果活動做到過份，便成了大過。（上下兩陰承擔不住中間四陽。）
上兌澤，下巽風是大過之復卦。

坎 ☵☵ 重坎由於太過份，便造成了缺陷。坎就是下陷，進入了黑暗，遭遇危險、陷阱。
上坎水，下坎水是重坎。是困難重重。

離 ☲☲ 重離，陷入困境之後，不良朋比因而離去，加以自己悔改，奮發向上，便有了光明前途，就是光明顯耀。
上下離火是離的復卦。

＊易經上經至坎離為止，共三十卦。

咸　䷞　澤山咸，有天地，繼之以萬物男女，有男女相成，而成夫
　　　　婦，咸即是感。
　　　　上兌澤，下艮山是咸之復卦。

恆　䷟　雷風恒、夫婦之道，不可以不久。恒就是久。
　　　　上震雷，下艮山是恒之復卦。

遯　䷠　天山遯，物不可久居其所，必將遯避退讓。
　　　　上乾天，下艮山是遯之復卦。

大壯䷡　雷天大壯，物不可終遯，亦將有壯大。
　　　　上雷震，下乾天是大壯之復卦。

晉　䷢　火地晉，壯大既有進展、晉既是進。
　　　　上離火，下坤地是晉之復卦。

明夷䷣　地火明夷，進必有所傷，明夷即是傷。
　　　　上坤地，下離火是明夷之復卦。

家人䷤　風火家人，在外受傷，必返之家人。
　　　　上巽風，下離火是家人之復卦。

睽　䷥　火澤睽，家道窮，必產生睽離，衝突。
　　　　上離火，下兌澤是睽之復卦。

蹇　䷦　水山蹇，睽乖衝突，造成彼此間遲滯不前。
　　　　上坎水，下艮山是蹇之復卦。

解　䷧　雷水解，蹇不可久，終有緩解。
　　　　上震雷，下坎水是解之復卦。

損 ䷨ 山澤損，緩解期中，必有所損。
　　 上艮山，下兌澤是損之復卦。

益 ䷩ 風雷益，損之不已，終受益。（缺損之後，必另有補
　　 益。）　上巽風，下艮山是益之復卦。

夬 ䷪ 澤天夬，受益多之後，見其夬。夬是決（決心）
　　 （決斷）。　上兌澤，下乾天是夬之復卦。

姤 ䷫ 天風姤，夬之後，有所過。過即是姤。
　　 上乾天，下巽風是姤之復卦。

萃 ䷬ 澤地萃，相遇亦相聚，萃是聚。
　　 上兌澤，下坤地是萃之復卦。

升 ䷭ 地風升，聚集在一起，便有升高。
　　 上坤地，下巽風是升之復卦。

困 ䷮ 澤水困，升至某種程度，將是困阻。
　　 上兌澤，下坎水是困之復卦。

井 ䷯ 水風井，困上反下，便是井。
　　 上坎水，下巽風是井之復卦。

革 ䷰ 澤火革，井是固定在一處，不會變革。
　　 上兌澤，下離火是革之復卦。
　　 （澤是毛皮，毛皮受火製成革。）

鼎 ䷱ 火風鼎，物入鼎是大變革。
　　 上離火，下巽風是鼎之復卦。（鼎下風入使火旺盛。）

震 ䷲ 重雷震，震是長子，主祭用鼎必長子。
　　 上下重雷是震的復卦。

艮 ䷳ 重艮，震動之後，必是艮止。
　　 上下重艮是艮之復卦。

漸 ䷴ 風山漸，物不可永遠不動，必隨之漸進。
　　 上巽風，下艮山是漸之復卦。
　　 （山被風長期腐蝕，漸漸風化。）

歸妹䷵ 雷澤歸妹，漸進必有所歸屬，女有所歸便是
　　 歸妹。（震為長子，兌為幼女。）
　　 上震雷，下兌澤是歸妹之復卦。

豐 ䷶ 雷火豐，得其所歸，必大而豐。
　　 上雷震，下離火是豐盛之現象。

旅 ䷷ 火山旅，宗族擴大至某種程度，必然向外擴張，
　　 便是旅。（旅是火在山上遊動。）

巽 ䷸ 重巽，旅居在外，終需入住，巽是入。
　　 （巽風是無孔不入。）

兌 ䷹ 重兌，得入住心安，自然愉悅。兌是悅。
　　 上下重兌，重重喜悅。

渙 ䷺ 愉悅久後，終需分散，渙是渙散，離別。
　　 （風吹水面，水波分散。）

節 ䷻ 離散不可過久，需有節制。
　　 上坎水，下兌澤是節之復卦。

中孚☴☱ 風澤中孚，節制靠信用。孚是信。
　　　☴☱ 上巽風，下兌澤是中孚之復卦。

小過☳☶ 雷山小過，行使信用，難免小過。
　　　☳☶ 上雷震，下艮山是小過之復卦。

既濟☵☲ 水火既濟，此其間需要交通調濟。
　　　☵☲ 上坎水，下離火是既濟之復卦。
　　　（水在上，性下流；火在上，性上升，會自然交流調濟。）

未濟☲☵ 火水未濟，事物經既濟之後，未必完結，故隨之未濟。
　　　☲☵ （火在上，繼續向上，水在下，繼續向下，互不往來，未能調濟。）

＊（易經下卦共三十四卦，上下兩經合計六十四卦。）

　　經整理後，發現其中有四對是陰陽互換。（1. 乾坤。2. 坎離。3. 頤大過。4. 中孚小過。）

　　有二十八對是上下倒轉。（1. 屯蒙。2. 需訟。3. 師比。4. 小畜履。5. 泰否。6. 同人大有。7. 謙豫。8. 隨蠱。9. 臨觀。10. 噬嗑賁。11. 剝復。12. 無妄大畜。13. 咸恒。14. 遯大壯。15. 晉明夷。16. 家人睽。17. 蹇解。18. 損益。19. 夬姤。20. 萃升。21. 困井。22. 革鼎。23. 震艮。24. 漸歸妹。25. 豐旅。26. 巽兌。27. 渙節。28. 既濟未濟。）

　　其中三對，既是陰陽相錯，又是上下倒轉。

　　1. 隨蠱。2. 漸歸妹。3. 既濟未濟。

第二篇　現代觀

在第一篇，對六十四卦的順序有了認識後，就要了解每一卦，每一爻的意義與作用。除了要明白卦辭，爻辭外，另外尚有要考慮的十要點。

①卦德——就是陰，陽。一個卦內六爻，陰陽分佈的多少，決定剛柔的特性。

②卦體——復卦中上下兩卦組成。雖是同樣的兩卦，上下位置的不同，造成不同的體質。例如，乾坤二卦組成的，地天泰，與天地否，就有很大不同的性質。

③位——復卦有六爻，初，三，五是一組，以陽爻得位。二，四，上是另一組，以陰爻得位。如果調換了，就不得位。

④象——單卦：乾天，坤地，坎水，離火，巽風，兌澤，雷震，艮山，各有不同的形象，復卦更甚。

⑤主——復卦六爻中，若是五陽一陰，便以一陰為主；若是五陰一陽，便以一陽為主。

⑥應——上下兩卦中；初四，二五，三上為相應，若是一陰，一陽便是正應。若是同為陽，同為陰，便是無應。

⑦變——易經常說：窮則變，變則通。某一卦，將一爻或二

爻位置移動到新位置，就成另一卦，便可說，某卦是由某卦變易而來。如天水訟。䷅的二三爻互換，成為天山遯䷠，表示由人事紛紜變成了靜的遯隱。

⑧互──將復卦六爻中的二三四組成下卦，三四五組成上卦，這個新的卦，可作原卦的一些參考。

⑨承──承受上面爻的指示，影響。

⑩乘──乘御下面爻的支持，擁護。

依照卦辭及爻辭及以上十要點，便可將六十四卦之每一卦及每卦之六爻，用現代觀說明如后。

乾
䷀

（一）乾（純陽）

卦辭──元，亨，利，貞。

元──一切好的開始。（嘉之長也。）

亨──好的集合。（嘉之會也，好的進行。）

利──恰到好處，兩利的和。

貞──事物的中心，團體的幹事。

上卦乾下卦乾疊成，叫做乾為天，是六十四卦的第一卦，取法於天，卻以人在地上活動為中心。乾卦六爻皆屬陽爻，取天龍為象，顯示其陽剛正直。

初九──爻辭：潛龍勿用。（龍是古代矯健的動物，象徵有才幹的人。）

潛龍勿用，表示現在好像是一條隱伏著的龍，沒有人知道是有用的大器。也是說，有能力，有賢德的才俊，現在還

在低下的地位，像潛伏的龍一樣，還沒有機會表現出來，卻能堅守自己的德操，不為時勢變易自己的意志，不隨世風，改變自己的做人法則，甚至遯世退隱，而不煩悶。

九二——爻辭：見龍在田，利見大人。

九二是內卦的主位，像行政部門的地方宮，處事要謹慎小心，儘管做了很多善事，也不誇耀。為上級賞識之後，一定會有利的。

九三——爻辭：君子終日乾乾，夕惕若，厲旡咎。（乾乾：自強。）

九三居內卦上位，容易流入驕傲怠惰，所以要力促自己，自強不息，時刻警惕，凡事順應時勢環境，反復思想，力求合乎道德標準，則不會發生過錯。

九四——爻辭：或躍在淵，旡咎。

九四是上卦的下位，這種不上不下的地位，像一條在淵潭中騰躍的龍，并非離群，而是緞練自己，進德修業，等待時機，不會有錯。

九五——爻辭：飛躍在天，利見大人。（大人是與天德同其德之人。）

九五是上卦的主位，有賢德，有才能的人，能夠飛黃騰達，施展抱負，要靠自己躬踐力行，也要向天地合其德的人請教。

上九——爻辭：亢龍有悔。（亢：過盛的意思。）

龍本來就是矯健霸道，加上亢傲，就有一些不當的地方，表示勢大位尊的人，因為亢傲而失去尊位，失去人心，得不到人民擁護，一定有悔恨的事發生。

用九——爻辭：見群龍無首，吉。（群龍代表各國的元首）

　　易經的這個理想，終於在二次世界大戰後出現。就是現在的聯合國組織，各國元首聚在一起，卻由一個秘書長負責。

坤
≡≡

（二）坤（純陰）

卦辭——元亨利牝馬之貞，君子有
　　　　悠往，先造後得，主利，
　　　　西南得朋，東北喪朋，安
　　　　貞，吉。

　　坤本身是地，以牝馬行作譬，中國命理上的方位與現在地圖方位相反；命理用周易後天八卦。

　　上卦坤下卦坤重疊，叫做坤為地。

　　坤道，重厚能載萬物，人與物隨著坤道——母愛而亨通。

　　西南是坤位，左鄰是兌卦（喜悅）。

　　右鄰是離卦（光明）。坤的本身是溫柔。和平，光明的好鄰居，互相幫助，自然得朋。

　　東北是艮，卦的終止，到了山窮水盡，好像喪失朋比，接著而來是震，震是新的開始，失去一些酒肉朋友後，坤以和平柔順處世，當然成功會得到良好結果。

初六——爻辭：履霜堅冰至。

　　六是陰數，初六是一陰初生，是寒冷剛開始，氣候變冷，露結成霜。踏在霜上，覺得有些堅硬，就知道要結冰了。也就是要作禦寒的措施，以免冰雪封結而遭受災禍。也表示一旦發覺，步入逆境，要預作順時的回應。

六二——爻辭：直方大，不習，無不利。（直：正直的內在天性。方：外在的方正行為，制裁的義理。大：弘德光大。不習：不必假借生活習俗。）

　　六二是下卦的主位。地承天時運行，發自正直的內在天性，外在的端方行為，及地道的龐大，自然不必假借生活習俗，一切有所承，有所本，自然不會不利。

六三——爻辭：含章可貞，或從王事，無成有終。（含章：包含文章法度。）

　　六三是下卦的高位，陰在陽位，不當。但以一個有才學的人，有可能處理國家大事的機會，在舉足輕重的時刻，要有中正的選擇，以順成為本，不必彰顯自己的功勞，就達成了坤德。

六四——爻辭：括囊旡咎，旡譽。

　　六四是上卦的下位，陰佔陰位，卦象是地，人象女在掌內事的地位，輔助的地位，承天承夫，承攬一切，像囊，萬物進入坤囊，得到生化，囊固守收藏的本份，不會有過錯，也不會有人讚譽。

六五——爻辭：黃裳、元吉。（黃裳是母儀天下。）

　　六五是上卦的主位，坤行至此，和乾相交，陰柔順逢五中，得中和盛德。坤著黃裳是母儀天下，普惠大地。
天下光明，一定吉祥。

上六——爻辭：龍戰于野，其血玄黃。

　　母居至尊之上，有專利太后的身份，既能廢除帝權，使皇帝以在野的身份作戰，結果血濺遍地，宇宙變色，是倫理道窮的結果。

用六——爻辭：利永貞。

　　用大地的體積，完成了上天的功用，達到功用的終極。

屯
☵
☳

（三）屯 （陰多）

卦辭——元亨利貞，勿用有悠往，利建侯。

　　（建侯——建立侯國，如同現在的省縣。）

　　上卦坎下卦雷，合成水雷屯。

　　坎是水，是雲，震是雷，是動。水柔和，震剛強。

　　第一卦是乾，是剛強。第二卦是坤，是柔和。

　　在屯卦中，陰陽已交合。但氣是初生，形是初成。一切初創。屯以前，沒有生化、屯以後將無窮無盡。是屯居的時刻。

　　坎是坎陰，是迷惑的階段。萬物初生成，要以乾坤的元亨利貞四德，順著道理，慢慢進行，才可克服混亂，達到有用的階段。所以要分段，分層。就是現在的分治制度（建侯）劃清業務範圍，是成功之道。

初九——爻辭：盤桓，利居貞，利建侯。

　　初九像青年才俊，初被任用，不宜直接用事（就是盤桓）不可造次，要有持久的耐力，先從小範圍（建侯）來管理執掌，有堅強的意志，真正的德行，慮定而行，取得下民的意見，體恤下民的痛苦。有利於自己才能的表現。

六二——爻辭：屯如，邅如，乘馬班如，匪寇婚媾。女子貞不
　　　　字，十年乃字。（屯如：有困難的樣子。邅如：牽連不
　　　　進的樣子。字：懷孕生子。）

　　　　六二本應與九五正應。只因為六二近初九，先有了不正
常的配對。好像主管愛部下，或富家女愛窮小子。所以婚嫁
前，多有考慮。婚後生活不正常，不能懷孕生子。要經過一
段長時間，才有孕，生子。也表示，日常生活中，一個組
合，起頭，人事稍有不當。遇到不協調的困難，要有耐心，
耐力，經長時間努力，才能成功。

六三——爻辭：即鹿無虞，惟入于林中，君子幾不如舍。往吝。
　　　　（虞：管理山林的人。舍：捨去。）

　　　　追捕一隻小鹿，鹿進入林中，林中無人管理，乏人指
路，恐迷失，不如捨棄，若進入是錯。

　　　　六三陰柔，在下卦之上位，陰爻居陽位。其位不當。沒
才沒德，又無人指導，在震卦的上位，好動，好追求，易遭
到危險。

六四——爻辭：乘馬班如，求婚媾，往吉，無不利。

　　　　六四柔和，在上卦下位，未能上進，如同乘馬，旋轉不
進的樣子，但上接九五陽剛，陰陽相配，婚事易成。表示要
順勢因時，取得上級信任，是成功之道。

九五——爻辭：屯其膏，小貞吉，大貞凶。

　　　　九五是陽居陽位，過分剛直，易暴躁，要有膏脂潤滑，
表示在高位者，要以仁德惠諸民，謙虛自持，小心翼翼，才
能吉祥。若屯其膏，反德為過，必遭凶禍。

上六——爻辭：乘馬班如，泣血漣如。（泣血：悲痛至眼球充

血。）

　　上六居屯卦極位，坎的極點，處在過於惡劣環境，以哭泣發洩內心悲痛，非解決之道，非長久之計，要在多災多難時，屯備急需品，不怯不懼，以永恒耐力，達到元亨。

蒙 ䷃

（四）蒙（陰多）

卦辭——亨，匪我求蒙童，童蒙求我，初筮吉，再三瀆，瀆則不吉。利貞。（瀆：不誠心。）

　　上卦艮山，下卦坎水，稱山水蒙。與屯相反，山下坎水，有草昧、蔽障、不明朗的現象。初生尚未成長，像童蒙，要接受教育，充實自己。教育童蒙要用啟發式，如果啟發無效，或因天賦的限制，或因不誠心受教，得先正其心，不再用同樣方法教育，就是再三瀆，瀆則不吉。利貞（調整心態。）

　　蒙是內不能安心，外不能進展，逼到進退不得的一剎那，啟發了靈感，以後行動才亨道。像山下的泉水是蒙覆的現象。繼續匯集潤谷之水而成江河，乃達成盛德。

初六——爻辭：發蒙，利用刑人，用說桎梏，以往吝。

　　（桎梏：刑貝）

　　使蒙昧無知的幼童得知識，使蔽塞的人能通裡，要利用他自己知道的道理去啟發。像牢卒解脫犯人的刑械。先解除蒙昧者心身的錮閉。若直接講大道理，不易發生效用。

九二——爻辭：包蒙，吉。納婦，吉。子克家

　　（包蒙：童蒙進入壯蒙階段。）

　　陽居陰位，是已婚的現象。有負荷家業的德能，能繼先

人事業，發揚光大，是吉事。

六三——爻辭：勿用取女，見金夫，不有躬，無悠利。

　　陰處陽位，氣勢盛，又無知，不尊重丈夫，遇見有財者，用金錢挑逗，將忘卻婦德，必然發生不和順。

九四——困蒙，吝。

　　好高騖遠，自己無知，而造成窮困委頓；用以警戒不務實際的人。

六五——爻辭：童蒙，吉。

　　五是蒙卦之主位，兒童純潔天真，若接受到好的教育，居尊位，一定能順應下情順從賢德。

上九——爻辭：繫蒙、不利為寇，利禦寇。

　　上九，陽剛居上位，如同高層執法者，以嚴厲手段去治理蒙昧不馴者，是擊蒙。不能消除其做壞事的惡念，最好方法，以德惠教化，預先防範，才可免寇亂。

需

（五）需（陽多）

卦辭——有孚，光亨，貞吉，利涉大川。

　　上卦坎水，下卦乾天。坎陰需要乾天的剛直去克服。需，有物質的需要，及心靈的需要。物質享樂要有節制，心靈要以禮樂調諧。乾健的耐力，才可克服山川險阻。

初九——爻辭：需于郊，利用恆，无咎。（郊：城郭村外）

　　初九是本卦的開始，是需求的開始。人類需要飲食，衣服，原料。建材，交通，農藝，畜牧，林礦，皆產於郊，皆需恆久的時日。天道不息，乃成其大，人道不息，乃成其利，故无咎。

九二——爻辭：需于沙，小有言，終吉。

　　　　九二是下卦的正位，像沙介於土石之間。較土堅硬，比石細碎。體積小，卻用途廣。像親民官，為國家、百姓服務，有中和作用，雖遭重勢者譏諷，但不貪功，不急進，自然吉祥。

九三——爻辭：需于泥，致寇至。

　　　　九三是下卦之地位，接近坎水，是接近水淺有坭的地方。其位剛，不得中和。若急進，易陷於坭深，進退不得，而招致災害。

九四——爻辭：需于血，出自穴。（穴：地穴陷阱。）

　　　　六四陰爻夾在兩陽爻之間，像是在穴中，立在坎陰下位，幸上接九五，表示要盡人事，即使需流血戰鬥，仍可獲得勝利。

九五——爻辭：需于酒食，貞吉。

　　　　人類在飲食，最易奢求，以天性制情欲，就是節制，能節制便吉祥。

上六——爻辭：入于穴，有不速之客，三人來，敬之終吉

　　　　（不速之客：未經邀請而自行來的客人。）

　　　　上六是陰爻居極位，也是坎極，像是淪於黑暗洞穴中，在這樣環境中，突來三位不邀自來之客。若以柔和態度相待，可能三人中，有能幫助脫險之人，便化為吉祥。

（六）訟（陽多）

卦辭——有孚，窒，惕，中吉，終凶，利見大人，利涉大川。

　　訟是需的反卦，急於求得所需，使意向相背而不合，引起爭訟。

　　上卦乾天，下卦坎水，稱為天水訟。訟有兩面：一是上卦的剛健，要別人屈服於他，另一方奸險機詐，就造成訟爭。

　　一是，上卦像青天大人，下卦是下陷的深淵，可怕的奸險，可能是一個坭潭，不可冒險去渡過，一旦進入訴訟，越陷越深，造成不能自拔的慘局。

初六——爻辭：不永所事，小有言，終吉。

　　初六陰爻居下位，爭吵才開始，容易排除。調解，柔和的人不會做得太絕，及時警惕，辯別利害，訟事自可息止。

九二——爻辭：不克訟，歸而逋，其邑人三百戶，無眚。（逋：逃竄。眚：災禍。）

　　九二是下卦之主位，是地區的領袖。由於性情剛硬，激於意氣，冒然興訟，幸而硬直，隨即發現自己不對，自行撤消告訴。（或逃避）使地方免受連累。

六三——爻辭：食舊德，貞厲，終吉。或從王事无成。

　　六三，陰爻在坎險之上，但能柔順，保守先人遺風，不自興革，只聽命上級從事。雖無大成就，卻一定吉祥。

六四——爻辭：不克訟、復即命、渝，安貞吉。

　　（渝：變更。）

　　九四陽剛，上近九五主宰，是有權勢之地位。下有坎險，或遭忌，起爭訟。或小有貪念，或過分剛直，若能反省，改變，回復和順，定轉為吉祥。

九五——爻辭：訟，元吉。

九五是訟的主位，像是法庭的主審官，以大公無私的態度，使訟者和解。或迅速作公正判決，不使久訟。或使久冤得伸，是大吉。

上九——爻辭：或錫之鞶帶、終朝三褫之。（錫：賜。鞶：勝利的標誌。褫：脫去。）

上九是訟的極位，僥倖得富貴權威。自以斷案為能，獎勵訴訟，是違人情，喪天理的事，聖人以「一日三省」，警告官民。

師

（七）師（陰多，九二為卦主）

卦辭——貞，丈人吉，旡咎。

上卦坤地，下卦坎水，叫做地水師。

地無所不載，水無不滋潤，旨在以德教化萬民。

師有雙重意義：①師旅。②教學的師保。

坤地坎險，又表示，地上行動處處皆險，卦中五陰一陽，卦主六二。卦辭中的丈人，是德高望重，年高德劭，為人尊敬者，才能受命率眾為師，才能担任師保。有這樣的領導教誨，必然吉祥，旡咎。

初六——爻辭：師出以律，否，臧凶。（臧ㄗㄤ：善良）

初六是師的初爻，表示出師之初。

軍隊一定要有紀律，如無紀律，防守時會擾民，作戰時會敗北，都是不好的事。

九二——爻辭：在師中吉，旡咎，王三錫命。

九二是師卦的卦主，是善戰的指揮官，是善兵的將才，戰功多，受勛多。

六三——爻辭：師或輿尸，凶。（輿：載）

　　六三是內卦之極位，陰柔不果斷，上臨坤地，超越界限之勢，似好戰者，輕舉妄動，必有惡果。

六四——爻辭：師左次，无咎。（左：後退或失利）

　　（次：軍隊在同一地駐紮三日。）

　　六四陰爻在陰位，其勢柔順，在坤地上，卦之初，要回應地位，不宜涉險。要轉移陣地，是好的舉措。

六五——爻辭：田有禽，利執言，无咎。長子帥師，弟子輿屍，貞凶。（長子：有德能功業的統帥。）

　　古代君王出田野打獵，似同今日之軍事演習，顯示強盛武力，可免除直接戰爭。軍隊與有德能功業的人統帥才可以。若由不當的統帥，必然招致敗績，非常危險。

上六——爻辭：大君有命，開國承家。小人勿用。

　　師的上文，大君是國家的元首，策勳，賜爵，任命，要根據所建的功業，所立的德，獎功以正。師卦中陰爻多，卦集群陰，易為小人所乘，特別要小心。

比
（八）比（陰多，卦主九五）

卦辭——吉，原筮，元永貞，无咎。不寧方來。後夫凶。

　　　　上卦坎水，下卦坤地。水流行地上，聚而同流。同
　　　　類相聚，朋比相處，有歡笑雜亂景象與師相反。

　　九五陽剛是卦主，其餘五爻皆陰，有共尊一主現象。

　　開始時，志同道合，自然吉祥，无咎。

　　先靜後不寧，而至於凶，乃聚久而失和，若不能即時醒悟，便有凶陰。

初六——爻辭：有孚，比之无咎。有孚盈缶，終來有它吉。

　　初爻坤德始應，地無所不載，水無所不潤。水與地最信孚。所以比道在信。像水充滿容器，座上客常滿，朋友是外來助力，吉祥繼他人而來。

六二——爻辭：比之自內，貞吉。

　　六二是內卦正位，具正能守正，一定吉祥。

六三——比之匪人。

　　六三是下卦上位，居位雖高，卻不是正位；喜歡聽些奉承的話，喜歡奉承他人者，定是諂佞者，和這些不好人交往，小則身受其害，大則傷害國家。

六四——爻辭：外比之，貞吉。

　　六四柔順，居輔宰地位，上爻九五陽剛。柔順輔陽剛，剛柔相得，貞正吉祥。

九五——爻辭：顯比，王用三驅，失前禽，邑人不誡，吉。

　　九五是外卦正位，存剛健中正的本質。六二為內比，六四為外比，內外分別而集聚。古代畋獵：規定只圍三面，留一面讓野獸逃生，雖獵不到野獸，并不責怪手下。這是仁德元首作風。是吉事。

上六——爻辭，比之无首，凶。

　　上之陰爻，柔弱，不能領導群眾，是凶。

小畜

（九）小　畜（陽多，卦主六四）

卦辭——亨，密雲不雨，自我西郊。

　　上卦巽風，下卦乾天，稱為風天小畜。

　　乾剛健，巽陰柔，剛健難克陰柔，是止於小畜。

　　小畜是剛開始畜育：人、財、道德。

　　柔居爻四，陰居陰位，柔能克剛，尚能上下應合，只因一陰五陽，以寡育眾，祇能小畜。

　　在中國中原地區，常見由西向東飄的雲，多數不會降雨，因為水份不夠多。像德業還未成，只是小畜，不足惠澤萬民。

初九——爻辭：復道，何其咎，吉。

　　初九是乾卦第一爻，繼比卦之後，在比極時，交往太多壞朋友，遭了凶禍。要回復乾天之至德，當然順利。

九二——爻辭：牽復，吉。

　　九二為內卦主位，如同現今之地方政府主官，不僅本身要合中道，且要引導下屬，志同道合，恢復本性，自然是吉。

九三——爻辭：輿說輻，夫妻反目。（說＝脫。幅＝控制車輪之剎車。）

　　九三失其正位，與六四之陰陽內外倒置，猶如夫妻反目，車輪失去剎車控制。

六四——爻辭：有孚，血出，惕出，旡咎。

　　六四是上卦初爻，是輔宰地位，上近九五，陰承陽，兩得其位，巽風柔順，避免了流血爭鬥。

九五——爻辭：有孚，攣如。富以其鄰。（攣如：相連牽繫不絕。）

　　九五上卦主位，有孚信，既富，又經常連繫有關係者，推己及人，以公畜為眾養，才能稱其富。如不這樣，雖富仍貧。使有物資富裕，卻貧於道德。

上九——爻辭，既雨既處，尚德，載婦貞厲，月幾望，君子征凶。

　　上九是小畜的極位。是雨過天晴的時候。不可再貪得而攻取。有了積畜的成果，應行惠及萬民的至德。如同脫輻的車，可和順而載婦歸。又像月望，是明月高照。不可再貪進。貪取則凶。

比

（十）履（陽多，六五卦主）

卦辭——履虎尾，不咥，人亨。

　　上卦乾天剛強，下卦兌澤柔順，稱為天澤履。

　　下以柔順對待上剛強，如同踩到虎尾，也不會咬人。

　　履有實踐的意思，也有禮儀的意思。以禮教化人類，實踐道德，是為人立身處世的根本。

初九——爻辭：素履，往，无咎。

　　初九陽剛在下，是承上命之實際工作者，凡事自信，對物有方，於外無求，是中庸中的素位，不借物飾，不借物遷，有純潔的本質，光明的始基，無往不利，沒有過失。

九二——爻辭：履道坦坦，幽人貞吉。

　　九二居內卦正位，上柔下剛，適宜貞靜的行為，出入有才德而不誇張，謹守清潔隱德的人，心中坦然，無物能移，自然道路平坦。

六三——爻辭：眇能視，跛能履，履虎尾咥人，凶。武人為于大君。（眇：少一目，心思見識偏激。）

　　跛——行路顛動不正，無法與人并道而行。

　　六三在履卦中，五陽一陰是卦主。但居內卦極位。不中

不正，如眇目跛足，身體上有缺陷，體柔而志剛，自持位高爵尊，行為非分，干犯元首。似同踏到虎尾被咥，遭遇凶禍。

九四——爻辭：履虎尾，愬愬，終吉。（愬愬：戒懼）

　　九四在上卦之初，上承剛直首長，下接陰險僚屬，處境如同履虎尾，必須仔細省察而後行。以潔白操守，行篤實途經，必是吉祥。

九五——爻辭：天履，貞厲。

　　九五是上卦首位，遇事要明快，決斷，但要避免固執，及剛愎自用。持守貞正，才是正當。

上九——爻辭：視履，考詳，其旋元吉。

　　上九是履卦之極。監督實踐，過程及結果，務必盡善天下，乃莫大喜慶。

（十一）泰（平均）

泰

卦辭——小往大來，吉亨。（小＝陰。大＝陽）

　　上卦坤地，下卦乾天叫做地天泰。

　　上面的地氣下沉下面的天要上升，如是對流產生安泰。

　　也可說，外和順柔軟，內剛強正直，保持處世安泰。

初九——爻辭：拔茅茹，以其彙，征吉（茹：根與根牽引。）

　　初九是乾卦初爻，與九二都是剛強，像拔起的茅草，根部相連。如同初出社會的青年，集結一起，以剛毅的精神向外撞，自然吉祥。

九二——爻辭：包荒，用馮河，不遐遺，朋亡。得尚于中行。

　　（馮：憑，跋涉。）

　　九二是乾卦中爻主位，以乾卦天德，沒有遠近大小的界限包覆八荒，以其陽剛，行事果敢，超越荒野，跋涉江河不會遺忘，未開發的遠方。即使無朋友同行，也秉其剛健，中正達其志。

　　乾剛之道，貴在交坤，沒有坤地，無法顯出乾天的大能。坤本身也不能獨自成育。

九三——爻辭：旡平不陂，旡往不復，艱貞旡咎，勿恤其孚，于食有福。

　　九三位盡乾而近坤，立合化的樞紐，兼具剛柔的功用，陽剛至此已極，外交陰柔，有下坡的現象。世界上不會只有平地，沒有下坡，也不會只有往，沒有復來，物極必變，不要妄自恤念，過去的艱辛劬勞，不要憂懼艱苦險惡的將來、堅守誠信，一定會有豐衣足食的幸福生活。

六四——爻辭：翩翩，不富其鄰，不戒以孚。

　　（翩翩：外表富麗美觀。不富：中虛無物。）

　　六四已過中泰，漸趨奢侈，并非富有，又有不務實際的鄰居，崇尚奢侈，像沒有真材實學的人，居高位，要掩飾內在的虛無。裝扮外表富麗堂皇、如果不告誡利害，會產生大禍。

六五——爻辭：帝乙歸妹，以祉元吉。（帝乙：甲剛，乙柔，就是女位正尊。歸：少女婚嫁。）

　　六五是外卦正位，帝乙表示陰爻居於外卦正位，就是以坤德柔順作國家元首，與九二剛中分治，如同英國女皇用男姓首相，治理國家，得富強康樂，是吉事。

上六——爻辭：城復于隍，勿用師，自邑告命，貞吝。

上六是泰的極位，終極必變，如同長太平，城牆失修，傾於隍池，（癈城河）失去用兵捍衛之憑籍。如同，久處太平環境中，凡事賴人代勞，而大權旁落，奸佞弄權，國家動亂，像城牆傾覆於隍，即使恢復自固，已遺羞於後世。

（十二）否 (爻1)（平均）

卦辭——否之匪人，不利君子貞，大往小來。

　　乾陽在上，坤陰在下，稱為天地否。

　　因為陽氣上升，陰氣下降，是背道而行，無交往之現象。否可解釋為惡運、窮苦、閉塞不好的意思、又因，否是。不與口的合成，也表示，禍從口出，在亂世，要謹言慎行。

初六——爻辭：拔茅茹，以其彙，貞吉亨。

　　拔茅要連盤接的根一齊拔除。初六是否惡尚未形成。

　　一開始就要除惡務盡。堅貞的人，才吉。

六二——爻辭：包承，小人吉，大人否亨。

　　六二是下卦主位，便是民主制度中的民意代表，如果是被小人包圍，就要看在上位的大人。使小人離去，國家民族才得救。

六三——爻辭：包羞。

　　陰文在下卦之極位，表示基層為小人把持，這是民族蒙羞的時代。

六四——爻辭：有命无咎，疇離祉。（疇：田畝，又作由上傳下的意思。）

　　六四是上卦乾的開始，承九五之命，把陽光傳下卦的諸

陰，有了光明，有了福祉，突破否寡。

九五——爻辭：休否，大人之吉，其亡其亡，繫於包桑。（包桑：根本深固的桑樹）

九五是上卦乾的主位，在下卦群陰構難，綱紀久傾，由英明偉大的人，警惕戒懼，以根深本固的道德文化，行仁政，化否為道順。

上九——爻辭：傾否，先否後喜。

上九是否的極點，是要傾倒了。否是小人得勢，一定得意忘形，彼此妒忌，隱藏著禍心，一旦傾復，一發不可收拾，忠貞者此時力求改善，就是否極泰來時機。

同人

（十三）同 人（六二卦主）

卦辭——同人于野，亨，利涉大川，利君子貞。

否後，失正已久，有賴在野賢人，同心協力，千險萬難，以堅貞信念，完成任務。

卦中五陽一陰，以柔順相輔的中位上，應九五剛中主位，上下相應，這個組織是同人。

初九——爻辭：同人于門，无咎。

初九是剛開始，組織小團體，由近而遠，事無禁忌、不會有過錯。

六二——爻辭：同人于宗，吝。

組織若只限於宗親，就顯得小器，難成大用。

九三——爻辭：伏戎于莽，升其高陵，三歲不興。

九三是日已過午，逐漸西斜時，加以六二時門戶之見，潛伏著危機，要像站在高山上，看清局勢，慎密計畫，慢慢

按部就班去處理。

九四——爻辭：乘其墉，義弗克也。其吉，則因而反則也。

　　九四是柔位，九是陽剛，表示這陽剛有陰柔的特性，眾多同心，已攻至城下，卻顧及傷民，而不立即猛攻，戰勝之道，攻心為上，被困的群眾，有不安的心，會動搖而自潰，是仁愛而吉祥的。

九五——爻辭：同人先號兆而後笑，大師克相遇。

　　九五是同人的中正大位，得到這個地步，是經歷了許多頓挫，折磨，哀號，終予來歸者日眾。

上九——爻辭：同人于郊，无悔。（郊：城郊，離城不遠。）

　　上九是極位，是功成退隱。不在位、無足悔。

（十四）大　有（五爻卦主）

卦辭——元亨。

　　乾作為基礎，離是有利於萬物生長的陽光，有了空氣，陽光和水，就是大有。

初九——爻辭：无交害，匪咎，艱則无咎。

　　初九是大有的初步，尚沒有似同人中，交到有害的朋友，但很難持久去拒絕一切誘惑，若心有覺悟、堅持勤儉。不會有過失。

九二——爻辭：大車以載，有攸往，无咎。

　　以剛強居內卦主位，有離火的熱力，有大車載運盈餘到缺乏的地方，普濟天下，自然是好事。

九三——爻辭：公用亨于天子，小人弗克。（亨：享）

　　九三是內卦乾之極位，大有內卦之極位，表示天生的萬

物是由萬民享用，也納稅給政府。但有些不法之徒，走私逃稅受懲罰。

九四──爻辭：匪其彭，无咎。

九四是大有到了倉廩滿盈的時候，而九四是陽居陰位，是有魄力又精明的人，財物過多時（膨脹）或有不良朋友阿諛獻媚，而招致禍事，應分析財物使用得當與否，作適當分配便不會有過失。

六五──爻辭：厥孚交如，威如，吉。

六五柔和，精明在主位，有九四輔弼，上九監督，其下眾陽環拱相從，剛柔相濟，建立孚眾的威信，凡事必然順利吉祥。

上九──爻辭：自天佑之，吉，无不利。

上九以離日的光明，無所不照，配合乾天的無所不覆，形成大地的人類文明，富庶，盡其所有，施散給眾人，不會因集聚太多而膨脹，而腐敗，這是上天的恩賜。

謙

（十五）謙（陰多，九三卦主）

卦辭──艮下坤上，叫做地山謙。

陽剛下屈，乃謙德止於內，坤卦的柔靜和順發乎外，柔能克剛，靜以制動，地無所不載，是謙的基礎，艮止於靜，山下地上，有堅固的性質，有無所不容的澗谷。艮居下位，不以為屈，坤居尊高而不驕。謙比做君子，行為謙虛的人，萬事亨通。

謙是居上位者不自大，居下位者，雖有靠山，而不傲物，仍謙恭有禮，是好的社會現象。

初六──爻辭：謙謙君子，用涉大川，吉。

　　初六柔和，是剛踏入社會者，以謙和態度，向外求發展，過程中，像涉大川，即使有了艱難，也會順利通過。

六二──爻辭：鳴謙，貞吉。

　　六二柔順中正、言語，顏色、態度皆謙和，有心者皆讚，其身居要位、謙聲又鳴於外，自然事無不吉。

九三──爻辭：勞謙，君子有終，吉。

　　在謙卦中，九三是唯一的陽爻，是卦主、居下卦的上位、剛而得正、雖有功勞，仍能自謙，不停操勞，有益於民之事，萬民順服。

六四──爻辭：无不利，撝謙。（撝：揮）

　　六四以柔順居九三陽剛之上，上近六五元首，介於上尊下強之間，以不違背做人的原則，盡量發揮謙德，事無不利。

六五──爻辭：不富以其鄰，利用侵伐，无不利。

　　六五居元首位，以均平，平等對待大眾，是謙的最高表現，以謙德為中心，以仁愛為基本。其鄰暴政以征伐手段拯救，自然戰無不利。

上六──爻辭：鳴謙，利用行師，征邑國。

　　上六以坤道行地無疆，要使謙德普及到遠方，有時為吊民伐罪，仍須以武力去克服。

（十六）豫（九四卦主）

豫

卦辭──利健侯，行師。

　　震為雷坤為地，叫做雷地豫。

　　雷聲震動大地，冬蟄的生物驚醒，開放生長，萬物乃生生不息，使生活豫裕。

　　豫承謙的富裕，而名聞遠近的生活環境，豫所依賴成功的是誠與利，使天下有和樂崇德的現象。利建侯，如同現之行省縣市的劃分，將地方政治經選舉，交付當選者來處理、養護，推行師道，教化萬民。

初六——爻辭：鳴豫，凶。

　　初六是豫的剛開始，還不十分寬裕，思想也幼稚，卻以奢侈生活，誇耀自己，是危險行為。

六二——爻辭：介於石，不終日，貞吉。

　　六二位居正中，像盤石那樣堅定，中正自守，思慮明富，遇事不待終日，便看出機微，貞吉。

六三——爻辭：盱豫，悔，遲有悔。（盱：張大眼睛。）

　　六三居坤地爻，上迎九四，倪視諸地。位既不正，性情又乖奸，應該即時悔悟，遲了會有悔恨的事發生。

九四——爻辭：由豫，大有德，勿疑，朋盍簪，（簪：髮飾。）

　　九四雖不是上卦之主位，卻是全卦中唯一陽爻是卦主，順應環境與天命去處世，一定大有收獲。

六五——爻辭：貞疾，恒，不死。

　　以無德之人，主宰大權，只因九四成了自然領袖，尚尊重六五中正的地位。

上六——爻辭：冥豫，成有渝，旡咎。

　　以陰柔居豫極，昏沉享樂，但震卦是動體，該有所改變，才免於罪過。

隨
䷐

（十七）隨（平均）

卦辭——元亨利貞、无咎。

　　上卦兌澤，下卦雷震，是澤雷隨。

　　澤水遇雷震，當然隨著波動。也是美麗少女遇到好動的長男，自然喜悅相隨。震：陽應乾，兌：陰應坤，少女性屬靜，長男好動，動靜相和。少女柔，長男剛，相柔相濟，以人順天，以事依時，合乎乾坤的元亨利貞，出於自然。

初九——爻辭：官有渝，貞吉，出門交有功。

　　初九是雷震的初爻，也是主爻，有動的續象，好像現在的鄉鎮長是基層的主官，要隨著民意，跳出門戶主見，多方交際，取得民眾信任，凡事一定順利。

六二——爻辭：係小子，失丈夫。

　　六二貪近，而隨初九，不從五爻，好像見小利，則大事不成，因過份隨和，而使去大丈夫作為。

六三——爻辭：係丈夫，失小子。隨有求得，利居貞。

　　六三是震卦的極位，因二爻沉痛失敗的教訓。上接陽剛，順從有為的大丈夫，捨棄滿懷偏私的小人。失者小，得者大，有利居守堅貞。

九四——爻辭：隨有獲，貞凶，有孚在道，以明，何咎？

　　九四居上卦下爻，與五爻同具乾德，是近臣，有權，有勢，有機會建功立業，也有機會貪污枉法，若功大撼主，有凶險。居守正道、財无咎。

上六——爻辭：拘係之。乃從維之，王有享於西山。

　　隨以順從為義，以成功為志，拘係是順勢的措施。上六

是勛爵到了極位，已功成名就。

（十八）蠱（陰多）

卦辭——元亨，利涉大川，先甲三日，後甲三日。（甲：某人）

艮與巽都是陰爻在下，五爻亦陰，陽不得立而失中，產生蠱惑。

蠱是敗壞，邪惡。在隨之後，隨和過甚，易受蠱惑，要平治蠱惑，先要教化，先甲三日，後甲三日，加一個主宰，是七日來復，一整個循環，是更新的時候，一切亨通。

初六——爻辭：幹父之蠱！有子，考旡咎，厲終吉。（考：父親）有能克家的子嗣，在父前諍諫，解除父考的蠱惑，還能克承前人的事業，終得吉祥。

九二——爻辭：幹母之蠱，不可貞。

九二剛居內卦中位，像子，六五在上卦象母，主宰大權的母親受蠱時，要以剛中的才能，從容諍諫。

九三——爻辭：幹父之蠱，小有悔，旡大咎。

九三過剛，不合中道，雖有能幹，過於剛強，蠻幹難免小有悔恨，但上接六四，六五柔和，得勸慰。幫助。結果無大錯。

六四——爻辭：裕父之蠱，往見吝。（裕：寬容。）

六四陰柔，不為父所容重，當父親陷於蠱惑，而容忍，不敢諍言，這是羞咎的行為。

六五——爻辭：幹父之蠱，用譽。

六五在正位，當父親陷於蠱惑，失敗際遇，能幹的子

嗣，使父親的聲譽、重彰重顯。

上九——爻辭：不事王侯，高尚其事。

上九是蠱惑已到窮途末路，名譽由子嗣能幹而復得，要乘時休息，隱身退休，是高尚的事。

（十九）臨（陰多）

卦辭——元亨利貞，至於八月，有兇。

坤上兌下，稱為地澤臨。以上臨下，以尊臨卑，都有迫促意味。

地道博厚，載萬物，澤道蘊蓄，育生萬物。

臨卦稱大，是出於坤，而迫乎乾，上慈下悅，具備四德，陽生於地，化為春風，備萬物生息。至八月，陽氣漸消，萬物衰退，違反天道自然，不若及時自伏。所以說，凶。

初九——爻辭：咸臨貞吉，志行正也。（咸：感，或作都。）

臨卦中，初與二為陽，其餘皆陰，剛以臨柔，陰隨陽化陰，本柔順，不與陽爭，是同時都達到的意思。

初九以陽居下位，與六四感應，配合柔德，感化萬民，共同臨治，能夠吉祥。

九二——爻辭：咸臨吉，无不利。

九二陽剛正位，守執政職位，下得人民擁護，盛德并臨，收效迅速，自然吉，無不利。

六三——爻辭：甘臨、无攸利，既憂之，无咎。

六三以柔居陽位，不正當，喜惡兼具，貪戀甘美逸樂。就會失敗，能顧及大勢，及時革新，改過錯誤，不會太久。

六四──爻辭：至臨，无咎。

　　六四在外卦起始，坤與澤水相接之處，以澤水滋潤大地，萬物生長，大地自然歡迎，不會有過錯。

六五──爻辭：知臨，大君之宜，吉。

　　六五柔和，與九二陽剛相應，六五在上，行中道，九二陽剛在下，樂意順命，抑高官政府首長，為國民公僕。知臨是知人善用，民眾投票選舉，就是有知人之能力。

上六──爻辭：敦臨，吉无咎。

　　坤土敦厚，範澤水，完成潤澤功用，相互功成。

（二十）觀（陰多）

卦辭──盥而不薦，有孚，顒若，（盥：獻祭洗手器。）

　　（薦：獻祭。顒：尊敬的樣子。）

　　拜祭之前，先洗手，誠心，不必要殺牲作獻祭，有尊敬誠意，就行了。

　　觀是坤下巽上，稱為風地觀。

　　在上位者，要觀察下民，上觀天道運行，也是風在地面上流動，萬物都隨著飄動偃伏。又常事日視，非常日觀，觀察不同尋常的事。

初六──爻辭：童觀，小人无咎，君子吝。

　　初六位卑下，性懦弱，像少年人觀察力不夠遠大，深入，對常人言，并沒有錯。學者就要觀成德大道，若小取，便不對。

六二──爻辭：闚觀，利女貞，（闚ㄎㄨㄟ：從門縫向外看。）

　　六二是陰爻在下卦，是內卦正位，卻像以前的女子在門

縫內向外看人，有偷看意味，不能看到事物的全貌，不能明
察真象，但利於從前女人的貞守，卻陷於孤陋寡聞的境地，
會鬧得笑話百出。

六三——爻辭：觀我生進退。

　　六三是陰爻居陽位，像浮雲遮太陽，也可能是情慾遮天
性，蔽而不明，若能自己恢復觀察能力，知道進退是否得
宜，才是正道。

六四——爻辭：觀國之光，利用賓于王。

　　六四是陰爻的最上位，率領眾陰，上近九五，權勢極
隆，卻能形柔和守臣節，以淵博知識，觀他國政治得失，襄
助本國之道。

九五——爻辭：觀我生，君子无咎。

　　九五在尊位，俯視生民萬物，惠及生民，行仁德是觀的
最大效用。

上九——爻辭：觀其生，君子无咎。

　　上九雖不當任施政重任，卻是影響力極大，使道德日
新，政治清明，完成師範地位。

噬嗑　（二十一）噬　嗑（陰多）

卦辭——亨，利用獄。

　　上卦離火，下卦雷震，合成火雷噬嗑。

　　雷火是電，雷電交擊，象徵用刑獄以裁，從卦爻的形
象，如同上下兩唇中間是牙齒，含有一塊硬物九四，需要咬
破！就是噬嗑。

初九——爻辭：履校滅趾，无咎。（履ㄐㄩˋ：麻鞋。）

初九一陽在下，二陰在上，不相當。

初九在下，如同人的腳趾，腳大鞋小，又像把刑械加在腳上，會傷腳，幸而，止惡於初犯，沒成大錯。

六二——爻辭：噬膚滅鼻，旡咎。

六二居內卦中位，近初九陽剛，受其影響，不克自全其柔。像似貪肉暴食，傷及鼻子。又像貪污到手，尚未吞下去，卻未成大錯。

六三——爻辭：噬臘肉，遇毒，小吝，旡咎。

六三是陰在陽位，不適當，在噬嗑中，是表示，吃的食物不適當，或是有毒，或者不應得的財物，幸未完全吞下，小有吝，未成大錯。

九四——爻辭：噬乾胏，得金矢，利艱貞吉。

（胏：有骨的肉。）

九四剛在柔位，像乾肉中有骨，或箭鏃，是艱險的現象，要以艱苦貞正的意志，勵其廉德。

六五——爻辭：噬乾肉，得黃金，貞厲，旡咎。

六五居卦的正位，陰爻在二陽剛之中，所吃豐富、也更多，仍需注意危厲的事件，才沒有妨礙。

上九——爻辭：何校滅耳，凶。（何：荷，負扛。）

上九陽剛，翹居高上，流於傲慢，失去辨別是非明智，闖下大禍，辱及其身。項上刑械已觸及耳盤，凶禍可知。

（二十二）賁（陰多）

卦辭——亨。小利有悠往。

艮山在上，離火在下，稱作山火賁，山下的火照耀到山

上，將山上的岩石，森林，花草美化了。

　　賁卦，外陽內陰，以物的本身裝飾他物，叫做賁飾。

　　離卦是麗，艮卦是止，內在的美麗，受外界環境阻礙，不及日月的光明，只小有利益，利於行，卻須先察其道大小，德的遠近，以決定其行止。

初九——爻辭：賁其趾，舍車而徒。

　　初九是卦的下面，如同人的腳趾部，是用來行走的。賁其趾，表示要修飾好行為，要展示好的行為，要捨逸就勞，不乘車而步行，以勞示眾，也就是身教。

六二——爻辭：賁其須。（須＝鬚。）

　　六二是下卦中位，上接九三陽剛，鬚是陽剛的標誌，以六二之陰合陽，陰守內，陽鎮外，文飾在上與外，六二因配上爻而賁飾。

九三——爻辭：賁如濡如，永貞吉。（濡：染色。）

　　九三是一陽居二陰之間，二陰助陽，彩色粧飾，鮮艷奪目，這樣環境中，易溺陷於陰，只有永恆的貞正，才能清除側媚。

六四——爻辭：賁如，皤如，白馬翰如，匪寇婚媾。

　　（皤：白素清潔。翰：白毛很長。匪：非。）

　　六四陰爻在陰位，有疑惑的意思，所以連同三個如字，騎的白馬，毛很長，疑是匪寇，實則是求婚的。

六五——爻辭：賁于丘園，束帛戔戔，吝，終吉。（戔ㄐㄧㄢ：細小。）

　　六五是陰居陽位，表示交際上的人事禮儀往來，五本是廟廊，卻成了丘園，禮儀不是重器，卻成了束帛一小片，但

中國禮教主張，「與其奢，寧儉」。物儉心誠，是好的表現。

上九——爻辭：白賁，旡咎。

費盡心思的賁飾，終不如純白，無任何缺點，還樸是行為的至高境界。

剝

（二十三）剝（上爻卦主）

卦辭——剝，不利，有悠往。

艮山在上，坤地在下，叫做山地剝。

下為五陰，一陽在頂端，天道將被剝盡。

剝在賁後，由於過份奢侈浪費，會剝盡窮極，在上位者，要自身莊敬，以安民心，也不可怯懦、畏葸，此時更謹慎交往。

初六——爻辭：剝牀以足，蔑貞，凶。

初六是剝的開始，只是力量尚不大，如果床的腳受到剝蝕，人睡在床上，當然不安穩，也是說，人若失貞，喪守，必遭凶禍。

六二——爻辭：剝床以辨，蔑貞，凶。（辨：床的支架。）

六二是內卦中爻，本應安定，其下爻已被剝，其上也是陰爻，乏力支持，如同床的支架及床板被剝蝕，床將坍落，這樣環境中，要見機而作，因時順變。

六三——爻辭：剝之，旡咎。

六三是下卦之上位，因與上九陽剛相應，是居群陰之中，卻能脫污坭而不染，則旡咎。

六四——爻辭：剝床以膚，凶。

　　六四上艮止，下坤載。像睡在床上，床已剝毀，尤未作起身的打算，很凶險。六四在眾陰中間，依附慣了，受害已不可倖免。

六五——爻辭：貫魚，以宮人寵，无不利。

　　六五為眾陰之首，上近於陽，體會順止的道理，成全了匡助的功效，不會受到剝削的禍害是宮人得寵的現象。

上九——爻辭：碩果不食，君子得輿，小人剝廬。

　　上九是剝的極位，如同樹上最大的果實，未被蟲食，有繁殖的機會，其下有坤地，是得輿的現象，群陰如小人得勢，儘量的剝，自己的住房也毀掉，失去庇陰，是陰陽，君子與小人不同之處。

復

（二十四）復（初爻卦主）

卦辭——亨，出入无疾，朋來无咎，反復其道，七日來復，利有攸往。

　　復是震下坤上，叫地雷復。

　　陽春雷動，一陽隨著雷動而復甦，得時而上升，是亨道的現象，前進不宜急疾，或失序，宜按部就班，漸進而感化諸陰為良朋，就不會有過錯，每卦只有六爻，表示是在爻效中，天下都在活動，第七是空的，無爻，當然沒有活動，只有日子，沒有活動，就是安息了一天，過了這一天，又是七日的第一日，週而復始，生生不息。

初九——爻辭：不遠復，无祇悔，元吉。（祇：作病解。）

　　一陽剛健，復生於下，要逐漸恢復。不可太急，沒有病悔，就是大吉。

六二──爻辭：休復，吉。

　　　六二陰爻，得正位而近陽，是休善的恢復，是吉慶。

六三──爻辭：頻復，厲，旡咎。

　　　六三陰爻在陽位，這是下卦極位，因此心緒不寧，不能不心存惕厲，才免過錯。

六四──爻辭：中行獨復。

　　　六四坤土之初爻，與初九陽剛相應，能獨復而從善，又是五陰爻中間，中道行事，可貴。

六五──爻辭：敦復，旡悔。（敦：殿後的意思。）

　　　六五柔和中順，居尊位，殿後，一定持重，旡悔。

上六──爻辭：迷復，凶，有災眚，用行師，終有大敗、以其國君凶，至于十年，不克征。

　　　上六其德已盡，其位已孤，有眚翳失明的毛病，行師出征，中途迷失，一定敗，國勢空虛，敵人來擊，國君有大凶險，元氣大傷，十年也不能雪恥。極言昏迷之可惜，皆因本性陰柔，且多疑寡斷，盲目進取所至。

（二十五）旡　妄（陽多）

卦辭──元亨利貞，其匪正，有眚，不利有攸往。

　　　乾天在上，震雷在下，是天雷無妄。

　　　是震雷想用動力震憾乾天，是無妄的念頭，有出乎意料之外的意思。

　　　但互卦成巽艮，風山漸，以其至誠不息，誠則不慮而中，不思而得，又何必妄想，不停的活動。不存妄得。妄求的念頭，是堅貞正道，自然亨通，若有不正的念頭，盲目行

動會有不利。

初九——爻辭：无妄往吉。

　　初九內卦的陽剛，上通乾天，剛直沒有偏私、初爻如天真稚子，志意无妄，其行一定吉利。

六二——爻辭：不耕獲，不菑畬，則利有悠往。

　　（菑畬ㄗ，ㄩˊ．治田，一歲為菑，三歲為畬。）

　　六二主內政，上與九五相應，剛柔相濟，內外相和，不耕而有收獲，不畬而成熟田、謀道，不謀食，祿在其中。

六三——爻辭：无妄之災，或繫之牛，行人之得，邑人之災。

　　六三陰爻居陽位，其位不正，所以罹禍，如同犯有前科之人，雖未偷牛，卻誤被指為嫌犯。

九四——爻辭：可貞，无咎。

　　九四陽剛居陰位，處猶疑地位，震動於下，上近九五陽剛，動則會有咎，但若守素常，則无咎。

九五——爻辭：无妄之疾，勿藥有喜。

　　九五陽剛居正位，下有內柔相應，雖小遇流言疵謠，不必用藥，可息癒，且得喜事，若勉強服藥，反因无妄，弄出小病。

上九——爻辭：无妄行有眚，无悠利。

　　上九剛直居極位，固執其自信，如有眼疾，看不清局勢，不知變易，鑽牛角尖，會招災害。

大畜　（二十六）大　畜（陽多）

卦辭——大畜：利貞，不家食，吉，利涉大川。

　　內乾德性剛健，外艮踐履實，山中有普照的陽光，降下

的雨露，滋潤萬物，孳生，是大畜藏豐現象。

六五應乾，用剛。收納賢才，畜為國用，凡有才能，都享俸祿，自然不必留食家中。六五因時而動，順天而行，利於向外發展。

內卦中爻是剛，上爻也是剛，四五兩爻是柔，剛貴柔用，柔重剛守，用得其道，守得其本。

初九——爻辭：有厲利己。

初九居下位，近九二執政者，初九又上應六四，性柔多疑，不宜進取過急，要反身自厲，充實自己，止於本份，則有利無害。

九二——爻辭：輿說輹。（說：脫。輿：車上載人部份。）

九二陽剛居內卦正位，與六五陰柔相應，陽內陰外，如同車輪與軸，失去約束，幸九二守中不失，沒有妄進的過失。

九三——爻辭：良馬逐，利艱貞，曰閑輿衛，利有悠往。（閑：馬厩。）

九三剛健居乾卦極位，與上九相應，剛健追隨上進，有良馬追逐現象，兩者皆剛健，有比力意味，卻不宜輕進，躁進，也不宜終日豢養於厩中，不加演練，日久，恐有失力的危險，兩者相互配合，共同向外發展，以廣大畜。

六四——爻辭：童牛之牿，元吉。（牿ㄍㄨˋ：牛犢頭上繫具）

六四是陰爻居陰位，像一隻小牛，剛長牛角，宜將其牿繫或豢圈，免其走失或傷害，制於未發之前，是可喜之事。

六五——爻辭：豶豕之牙，吉。（豶ㄈㄣˊ：閹豬。）

六五陰文居上卦主位，如同農村養的閹豬，易肥大，是

大畜有成的吉慶。

上九──爻辭：向天之衢，亨。

　　上九一陽在上，本出乾天，終變為始，順承天道，好像行於通衢大道，至卦極端，仍能進展暢順，達到用之不盡，取之不竭，只有積德，才有這樣境地，使道行于天下，必然亨通。

頤

（二十七）頤（陰多）

卦辭──貞吉，觀頤，自求口實。

　　上卦艮止，下卦雷震，叫山雷頤。

　　外形是上下二陽奇爻，似上下二唇，中含四陰偶爻，如四齒，上止上下動，是口頤的形象。

　　雷動隨著雨水下降，滋養山中萬物。

　　卦象有動有止，表示人類動止要有限度，君子以養德為重，出言謹慎。養德先養性，觀頤是觀其所養，賢或不肖，求取之道，是否合理，不獨自養，且養賢與萬民，其意義極大。

初九──爻辭：舍爾靈龜，觀我朵頤，凶。（靈龜：以氣自養的動物。朵頤：貪吃的樣子。）

　　初九是剛健有才華，但年紀尚青，經驗不足。捨棄了靈龜般的頤正養氣的靜德，見美食，只圖大吃特吃，放蕩情逸，是貪吃無德之人，或貪取祿位，會有凶禍。

六二──爻辭：顛頤拂經，于邱頤，征凶。（顛：顛倒。經：經常。）

　　六二陰柔居正位，卻反常，求養於下初，是顛倒了頤養

的意思。

　　物以好聚，財以志招，眾集形若高邱，只為一己功用，自然不大，若不饜足，貪求更高享受，出去遠征，必遭兇禍。

六三——爻辭：拂頤，貞凶，十年勿用，无攸利。（貞：固執）

　　六三陰爻不中，處雷震之極位，固執，縱慾，妄自尊大成性，悖逆過甚，雖十年也無法挽回，是背道而行，逾行愈遠之現象。

六四——爻辭：顛頤，吉，虎視耽耽，其欲逐逐，无咎。

　　（顛：作上解。耽耽：威視的樣子。逐逐：篤誠。）

　　六四是上卦之初，仰賴上九，憑上九恩施，如月亮承太陽光照，反射人間。

六五——爻辭：拂經，居貞吉，不可涉大川。

　　六五是上卦主位，與六二相應，本是中央及地方首長，應當頤養萬民，卻因過於柔弱，六二要求養於下初。六五要依賴上九，皆拂逆正常，只能堅貞自守，不能向外發展。

上九——爻辭：由頤厲吉，利涉大川。（由：由己出。）

　　上九是極的地位，與其他卦的極位，頤於變。有所不同，因下面是四個陰爻，一陽在上，好像上天覆在大地，與初九相應，完成頤道的始終，上九是頤養物資之來源，由上而下，施養育之道，其功絕倫，利於向外發展。

大過

（二十八）大　過（陽多）

卦辭——棟撓，利有攸往，亨。（撓ㄋㄠˊ：彎曲。）

　　上兌澤，下巽風，叫做澤風大過。

　　初或上皆陰，中間四爻皆陽好像屋樑中間極強。兩端柔弱，有些負擔太過而撓曲的樣子。幸二五陽剛正位，上澤喜悅，下巽順，樂觀順從之德性，有剛中英才，在非常事變時，出面濟事，得以亨通。

　　但又表示，上澤水，下巽木。大水淹沒樹木。澤又是淵藪，宵小聚集，澤滅木，是宵小作梗窒塞，國家棟樑被淹沒，成為大過。

初六——爻辭：籍用白茅，旡咎。（籍：獻祭時的草薦。）

　　初六是陰柔居巽順下位，像是獻祭時，舖上柔軟的草薦。那樣謹慎，事事求其週全，雖是大過，卻無過。

九二——爻辭：枯楊生稊，老夫得其女妻，旡不利。

　　（稊：木根再生嫩條。）

　　九二陽剛，接近初六陰柔，好像枯老楊樹根部生出嫩條，也好像老年男子得少女為妻。有了再發的生機，因過而合，合則有功。

九三——爻辭：棟撓，凶。

　　九三陽剛居陽位，過剛不知遷就環境，在不中不當的地位，沒有輔助，像是粗壯的中間，兩端細弱，會造成兩端曲折，造成塌陷的兇禍。

九四——爻辭：棟隆，吉，有它吝。

　　九四陽剛居柔位，得剛柔相濟，上近九五，下連兩剛健，四陽剛連結，有棟樑隆起現象，有受逼迫情形，是吉慶中的羞吝，若能因下卦撓曲之失，而改過遷善，使復中和，既可藉九五隆恩，又可得下屬輔助則不會撓曲受損。

九五——爻辭：枯楊生華，老婦得其士夫，旡咎，旡譽。

九五是上卦中位，如年近衰老，如枯老的楊樹，突然生花，己本枯死。亦如同老婦，得少壯男為夫，無久生的道理，雖無大錯，亦無可讚譽。

上六——爻辭：過涉滅頂，凶，无咎。

上六以陰柔居大過極位，有臨危授命，明知力有不足，涉陰而遭凶禍，事雖不成，心可無愧，故无咎。

坎
䷜

（二十九）坎 （陰多）

卦辭——習坎：有孚，維心亨，行有尚。（孚：信心。惟：惟，獨一無二。尚：崇尚。）

坎是上下二坎疊成，是水的形象，一剛為二柔挾持，是坎陰的形象，二坎重疊，也有陷重囚的現象，二五兩正位，都是陽爻，雖陷重圍。仍需有堅定信心。在坎陷中，就是受試煉。渡過了，必有收獲，習慣了坎陷的生活，心意一定能平和，是剛中主宰，一定達到亨通境界。處險須有道，用險須有方。

初六——爻辭：習坎，入于坎窞，凶。（窞：坑穴中之旁入小穴。）

初六如同初入社會之青年，生活遭遇困境，又受到不良份子誘惑，而入歧途，不能自拔，是很凶險。

九二——爻辭：坎有險，求小得。

九二陽剛居下卦中位，被群小包圍，陷重陰，由於剛中得位，行為中和，乃小有成就。

六三——爻辭：來之坎坎，險且枕，入于坎窞，勿用

（枕：抓住一塊東西。）

六三位不中正，陷入重險中，前後都是坎險，像失足落水，抓住一塊東西，卻是石頭，加速下沉，陷入坎坑中另一小穴，幸而本身柔和不燥，保持清醒，終有出險的時候。

六四——爻辭：樽酒簋貳，用缶，納約自牖，終无咎。

（簋《ㄨㄟˇ：盛饌或獻祭用具。缶：盆。牖：窗戶）

六四陰柔，上近九五君王，六四像亂世危難中之宰相，非常節約地，用繩索把飯菜裝在器具中，從窗送進來，是臨機應變，剛柔相濟，可以渡過坎險。

九五——爻辭：坎不盈，祇既平，无咎。

九五陽剛中正，被困群陰之中，有坎險之憂慮，雖有濟世才能，卻只能像坎坷中的中，不到盈溢的程度，只是平滿，可汲用，無咎失。

上六——爻辭：係用徽纆，寘於叢棘，三歲不得，凶。

（徽：三股繩。纆：兩股繩。）

上方險柔，處於坎陰的極點，極點本是易變，這個極點變得更險惡，像是用繩索綁住，棄置在棘叢中，這個陰居上而失道，遭囹圄之困，三年之久，凶極。

（三十）離（陽多）

卦辭——利貞亨，畜牝牛，吉。

離是由本身自疊而成，稱為離為火。

上離是日月星辰的明麗，下離是溫暖及人間文明。

水火是人類不可缺少。有利人類萬物，也是大災禍。

二陽中介一陰，有乾的外表，中主都是坤。故離卦出於坤而成於乾，故有四德之三。（利，享，貞。）

以坤柔分主內外兩卦，以養為其德，畜養牝牛，取其能養，孳生畜養，自然有利。

初九——爻辭：履錯然，敬之，无咎，（履錯：珠寶裝飾的鞋子。）

初九以陽剛居下位，在光明的環境中志在進取，像剛入社會之青年才俊，其鋒芒太露，就像穿著珠履，招搖過市，若能持之以敬，方可免凶禍。

六二——爻辭：黃離，之吉。

六二離明下卦主位，有正當日中的現象。黃，表示性柔不烈，光明的主位，是坤地厚載至德，吉祥。

九三——爻辭：日昃之離，不鼓缶而歌，則大耋之嗟，凶。

九三失中，過剛易折，如同日過中天，偏西是傍晚，是擊缶而歌時，該看淡世事，安常即樂，否則將有老之將至的嗟呼，是以凶。

九四——爻辭：突如其來如，焚如，死如，棄如。

九四陽剛在兩火中間，急躁，容易失誤，是引火自焚，死後，名遭棄絕。

六五——爻辭：出涕沱若，戚嗟若，吉。

六五以柔居尊位，一柔迫居於二剛之中，令柔順之輔導者，孤立於二權臣之中，憂戚以淚洗面，但能戰戰兢兢，明察時勢，慎懼戒守，行仁政，克服強權，終使國泰民安。

上九——爻辭：王用出征，有嘉折首，獲匪其醜，无咎。

上九剛健居上位，用強健大將出征，掃除橫逆，折取暴逆首領，可嘉獎大功績，使國泰民安，吉祥。

＊由乾坤至坎離是一個大循環，是易的關鍵，至既濟，未濟
　是全易的終結。

咸
☶
☱

（三十一）咸（平均）

卦辭——亨利貞，取女吉。（咸：感。）

　　柔兌在上，艮剛在下，剛柔二氣互相咸，叫澤山咸。

　　坤體包圍乾陽，有男女，因感情投合，而婚媾的意思，
是人倫卦。

　　澤水潤山，山間萬物豐殖茂盛，是亨通現象。

　　中有剛健貞正的主謀，作基準，外有柔和平易近人的態
度待人接物，是以利貞。

初六——爻辭：咸其拇。（拇：腳的大指。）

　　拇指有自動自發的天性，是有志向外的表現。

　　初六具感，雖然還淺，但上應九四剛健，得其感應，一
定會有進展。

六二——爻辭：感其腓，凶，居吉。（腓：腦骨後之肌肉。）

　　六二陰柔，感情容易衝動，容易失誤，會遭凶事。如同
腓肌之容易扭動的部份，但六二位居中正，以柔順上應九
五，安居而不妄動，自可轉凶為吉。

九三——爻辭：咸其股，執其隨，往吝。

　　九三陽剛，是下卦艮之極位，比喻股，本身沒有動的能
力，只是隨著腳或腿變動，不管腳走去的地方好或壞，都隨
著去，會遭遇吝，應該控制感情，以靜制動，才不會自淪卑
下。

九四——爻辭：貞吉，悔亡，憧憧往來，朋從爾思。

（憧憧：意思不定。）

九四在三個陽爻中心，是感卦的主位，是心的居處。

心的作用，可靜可定，一呼吸，千轉萬變，是九五的輔常，也易受私慾，幸本身在三陽中心，本質中正、天性廓清。

九五——爻辭：咸其脢，无悔，（脢：背肉在心之上。）

九五雖陽剛中正，是背肉的位置，在心之上，口舌之下，受心及口舌影響，善惡不明朗，背肉又有違反的意思，只是受了上下的影響，若能居中守正，便不會有後悔的事發生，因為背肉動的微小。

上六——爻辭：咸其輔頰舌。

上六是面部口舌部位，如笑裏藏刀，口舌狡辯，不能以忠誠感人。

（三十二）恒 （平均）

卦辭——亨，无咎，利貞，利有悠往。

巽下震上，叫做雷風恒。

震為長男，巽為長女，女隨男動，夫婦之大倫，恒是恒久，天下事，持之以恒，一定萬事亨通，有貞正的行為，一定沒錯，相互為用。

雷有啟發，發動的功能，風有教化，化育的效力。

初六——爻辭：浚恒，貞凶，无悠利。（浚：深）

初六在下位，如同初入社會，經驗不足，又好高鶩遠，會深陷不能自拔，遭凶難，要慎始。

九二——爻辭：悔亡。

　　九二陽剛，是巽卦的中位，有剛健工作的能力，又有巽
順的德性，自然不會有悔恨事發生。

九三──爻辭：不恒其德，或承之羞，貞吝。

　　九三居下卦上位，遇剛不中，躁進。德是意志行為，其
德志不堅，行為時逼屢變，將一事無成，一定遭遇恥辱，陷
於羞吝。

九四──爻辭：田无禽。

　　九四陽剛，在上卦下位，地位不適當，如同田獵時，到
沒有禽獸地區，自然沒有擒獲，等於從政，沒有建樹，經商
沒有利潤，不該再戀棧了。

六五──爻辭：恒其德，貞，婦人吉，夫子凶。

　　六五陰柔，居上卦主位，適宜婦女貞守。但夫主外，外
事多變化，宜權衡輕重緩急，去處理，不可一味順從不變，
否則，定遭凶禍。

上六──爻辭：振恒，凶。

　　上六是恒卦之極位，如不能恒守安定，反而常搖動不
定，不僅不能成事。反多敗事，故凶。

遯

（三十三）遯（陽多）

卦辭──遯亨，小利貞。（遯：遁，匿跡避時。）

　　艮下，乾上，叫做天山遯。

　　初，二兩爻皆陰柔，是小人道長上浸，使陽剛退避的現
象。

　　山是有形的物體，其中蘊藏極豐，可以供人隱避，賢者
遯隱，多入山靜修，可以上體天心，小人得勢時，君子不附

炎趨勢，暫避。等待時機，不冒然求發展，嚴謹持守，後來一定通達。

初六——爻辭：遯尾，厲，勿用有悠往。

初六居遯卦下位，缺乏認識環境的經驗，遇到該逃遯的時候，不知道早遯，或是把逃遯的方向弄錯了，在這種危難時，不能再亂闖，想辦法定下來，安靜韜悔，才有避免災害的可能。

六二——爻辭：執之用黃牛之革，莫之勝說。（說：脫。）

六二是艮卦中位，像山的中峯，像守土有責的地方官，遇到災難，遯避就違犯綱紀，要以黃牛皮革般堅固的耐力，匡扶社稷，挽救危難，才可做擎天動地的大事業。

九三——爻辭：繫遯，有疾厲，畜臣妾，吉。

九三下接二陰，受到陰小連累，到了不得不避難的時候，只好明哲保身。作些畜臣養妾的小事，靜待時機，結果才能順利。

九四——爻辭：好遯，君子吉，小人否。（好遯：善於遯避。）

九四剛直，易露鋒芒，易遭忌，自己該知道進退存亡的道理。守中道，要善於遯避能得吉祥。小人得到權位，見利忘義，不顧一切，必自食其果。

九五——爻辭：嘉遯，貞吉。

九五陽健中正，與六二柔順相應，一切為國家民族，不私不貪，在志達名就的時候，斷然引退必然順吉，得善終。

上九——爻辭：肥遯，无不利。

上九是位極，已失位，應看破一切，遠遯飛脫俗塵，無疑慮，無往不利。

大壯

☰
☳

（三十四）大　壯（陽多）

卦辭——利貞。

　　大壯是偉大雄壯的現象。四個陽爻貫串一氣，有盛長壯大的氣勢，容易流於驕傲自大，躁進僨事，所以要守常，凡事貞正慎行。

初九——爻辭：壯于趾，征凶，有孚。

　　初比作趾，九陽剛好動，趾又比喻職位太低，躁動易招惹是非，易陷信用於凶境。

九二——爻辭：貞吉。

　　九二陽剛居中位　有剛中的性質，與六五相通應，表示一個性剛直，處事柔和的地方官，可以得到上級支持，一定會有成果。

九三——爻辭：小人用壯，君子用罔貞厲，羝羊觸藩，羸其角。

　　（羝：雄羊。藩：籬笆。羸：受損被困。）

　　九三是乾剛極位，小人自持壯力，不顧一切去做，如同羝羊，把角觸入籬笆，被套牢，無法脫危，君子遇此境地，也會思應變之舉。

九四——爻辭：貞吉悔亡，藩決不羸，壯于大輿之輹。

　　九四陽剛居陰位，如果持剛躁進，定遭挫折，如以所處柔和地位，用柔和態度處理，悔疚自可消失，羊角撞籬笆，不為繫困，此種尚往無阻的現象，就像大輿的輹，雖居車下，卻控制車進退。

六五——爻辭：喪羊于易，无悔。（易：塲，邊境。）

　　六五以柔和為主宰，上二陰像羊角，其下四陽剛，像部

屬都是陽剛，柔弱的首長難抑制自己，想表現自己不柔弱的心理像沒有約束的羊，自持壯大，無畏無懼，走到不該去的地方，未及時悔悟返轉，終于喪失在疆場。

上六——爻辭：羝羊觸藩，不能退，不能遂，无悠利、艱則吉。

（遂：返。）

上六是大壯的極爻，是好大喜功的地位，不顧一切的前進，但本質柔弱才微，不能遂其急進的壯志，在進退兩難的地位，幸好，其性不燥，尚能艱苦奮闖，掙脫羈絆，尋得前進途徑。

（三十五）晉（陰多）

卦辭——康侯用錫馬蕃庶，晝日三接。（康侯：大諸侯。蕃庶：眾多。接：接待。）

离上坤下，叫做火地晉。

離火也是太陽，光明太陽出到地面上，就是晉升。晉卦初二三都為陰爻。五爻也是陰爻，要以柔進上行，絕對不可以剛強急躁去求取。像殘冬沒獲得春初柔和溫暖的陽光，自然會興起進取之心，不過純柔不能成大事業，離卦有中柔之心，陽剛外衛，上九可使六五不能不自強，九四是剛強的輔弼，柔主博愛，輔者陽剛，剛柔相濟，才能達到安和利樂境界。古代君王賜馬給大諸侯，獎勵其效馬疆場之功勞，且經常接近臣民，使臣民產生向心力，自然國治民安。

初六——爻辭：晉如摧如，貞吉，罔孚裕，无咎。

（摧：沮喪。裕：寬恕，容人。）

初六陰柔居下位，上應九四陽剛權臣。易受排擠，有沮

喪現象，可守正以待，弄權者不能久，一旦取信於六五，志得行矣。

六二——爻辭：晉如，愁如，貞吉。受茲介福，于其王母。

　　六二柔居下卦主位。上應六五，晉卦主位，主位且陰柔，故稱王母，同德相應，必獲優待親禮，但九四間隔其中，九四諂媚弄權，使六二憂愁，幸能貞正自守，不逢迎權貴，終得吉祥。

六三——爻辭：眾允悔亡。

　　六三與初爻二爻皆陰，得群眾，雖上有九四弄權，六三忠誠上達六五，終於進取，其悔自亡。

九四——爻辭：晉如鼫鼠，貞厲。（鼫鼠：大田鼠嗜害禾苗。）

　　九四剛強自負，弄權欺上凌下，如同鼠嗜害禾苗，其居位不當，其性不常。

六五——爻辭：悔亡，失得勿恤，往吉。

　　六五柔弱之主，陰居陽位，其位不正，宜有悔恨事。但仍是大明中心，純王者之心，不因個人得失而憂恤，所以動必吉，往無不利。

上九——爻辭：晉其角，維用伐邑，厲吉，无咎，貞吝。

　　上九剛強，在晉之極位，如角，也象徵兵甲堅銳，位高權盛，橫逆跋扈，不能與六五同德所以用之伐道，由於過剛自造，雖建功得邑，卻未光大其道，成他日笑柄。

（三十六）明　夷（陰多）

明夷

卦辭——利艱貞。

　　坤上離下，叫做地火明夷，有幽晦之象，有被傷破

　　　敗之義，人事上，像賢人陷入幽暗環境中，明德不
　　　得彰顯，是歷練耐力，修養德性之時。

初九——爻辭：明夷于飛，垂其翼，君子于行，三日不食，有悠
　　　往，主人有言。

　　　初九剛直，處在明夷之下層，像受傷之鳥，不能展翅飛
翔。要趕快離開這樣環境。雖三日不得食，也要離開，或另
選適當主人，即使遭煩言，也決不在黑暗中就食。

六二——爻辭：明夷，夷于左股。用拯，馬壯吉。

　　　（左股：賢位。馬：有力且馴服的大臣。）

　　　六二柔順是離卦主位，如基層好幹部遭到讒言受害，幸
得及時救治，恢復健壯。

九三——爻辭：明夷于南狩，得其大首，不可疾，貞。

　　　地火明夷變地水師，即狩獵，夷錯卦天水訟，离後天在
南，乾先天在南，乾政至尊是元首，九三剛直要緩慢拉扯才
得南狩，獲大君。

六四——爻辭：入于左腹，獲明夷之心，于出門庭。

　　　六四是上卦開始，已是中央近臣，處理黑暗朝廷，靠近
心臟左腹，要及時覺悟，遠離黑暗門庭。

六五——爻辭：箕子之明夷，利貞。（箕子：紂王叔父。）

　　　六五（按商周歷史）箕子是商朝紂王之叔父，帝乙時，
諫勸立徵子，毋立紂王，未蒙接納，紂王立後，忠貞不二，
屢諫，終被囚，佯狂。周滅商後，不朝，後出使朝鮮，是箕
子在朝政黑暗時，仍忠貞不二。

　　　六五柔和是明夷之主爻，賢人陷入幽暗環境中，是箕子
不獲帝乙忠言。終為紂王幽禁，能不二，不朝周。

上六——爻辭：不明晦，初登于天，後入于地。

　　昏暗不明者，剛登上高位，喜歡諂佞恭維，失去明察，終自傷墜落於地。

（三十七）家　人（陽多）

家人

卦辭——利女貞。

　　上巽風，下離火，稱為風火家人。

　　六二是虛心柔順的女主人，九五是剛健的男主人。夫剛婦柔，剛柔相濟，家道必興，上下有序，內外有別，家正則天下治。

初九——爻辭：閑有家，悔亡。（閑：解作防。）

　　初九剛健，家之初成，男剛健，要防其專制，新婦初來，防其有不端風俗。初生子女，防其流入邪惡，家齊則無悔事發生。

六二——爻辭：无攸遂，在中饋，貞吉。（遂：進。在：察看。中饋：家中伙食。）

　　六二柔順在下卦主位最適宜把家政主持好，助夫成大業。

九三——爻辭：家人嗃嗃，悔厲吉；婦子嘻嘻，終吝。

　　（嗃嗃：嚴格。嘻嘻：笑語相謔。）

　　九三過剛不中，有過分的現象，治家過剛太嚴，會招致埋怨，也易悔恨，不和諧。但過份放縱，家範不立，婦人子女，笑語相處，有失治家的節度，易發生家聲羞吝事故。

六四——爻辭：富家大吉。

　　六四柔順，在主持家政的地位，持家順應環境，凡事精

細，則家庭富有，家人和樂，大吉。

九五——爻辭：王假有家，勿恤，吉。（假：大。恤：憂慮。）

　　　　九五處於家人卦主位，有王者作風，有大容量，感化天下，如一大家庭，生活樂融融，彼此相愛，無憂無慮，自然吉祥。

上九——爻辭；有孚威如，終吉。

　　　　上九是卦之絕位，表示創業者，年事已長，把家政交付子嗣，自己不再主持家務，卻是最高主人，要注意自己誠信，威嚴，莊重自守，必然吉祥。

睽

（三十八）睽（陽多）

卦辭——小事吉。（睽－分離）

　　　　上離火，喜上行，下澤水，喜下行，水火相背而行，是睽離的現象。

　　　　離為中女，澤為少女，二女同居，將各自成家，就要分離。

　　　　依卦德言，兌為悅，離為麗，內和悅，外明麗。六五柔弱，在二剛之間，只宜做些小事，可得吉利。

初九——爻辭：悔亡，喪馬勿逐自復，見惡人，无咎。

　　　　初九是睽的初爻，與九四相交，二者皆陽剛，同性相斥，有孤立的悔恨。當睽別離散時，其孤立反無離散之苦，如同走失了馬，會自行回來。九四是有權勢的近臣，雖是相斥自己的惡人，卻要和他相見，免其中傷排斥。

九二——爻辭：遇主于巷，无咎。（巷：小徑曲巷，表示委曲婉轉。）

　　九二剛強，是有才之士，在下位，上應六五，陰柔，恰是陰陽相反，易生隔閡，猜疑困惑，只有委曲求全去相會，才可溝通，得到吉祥。

六三——爻辭：見輿曳，見牛掣，其人天且劓，无初有終。
　　（曳：拖拉。天：黥額，額頭破傷。劓：割鼻之刑。）

　　六三陰柔，夾在二陽剛之中，容易遭受猜忌，也像用牛拖的車子，發生車禍，牛雖被勒住，卻使乘車的人，額破鼻傷，幸好牛沒有狂奔，車沒有破損，扶起仍可進前，開始雖不順利，結果仍到了目的地。

　　在睽卦中，又像夫妻睽離時，被夾在，兩條件很好的男士中，易引起猜疑，而狼狽，幸而，只是妄想臆測，并無瑕疵，能各自持守，終得諒解。

九四——爻辭：睽孤。遇元夫交孚，厲，无咎。

　　九四陽剛，與相應的初九，也是陽剛，彼此相斥，孤立。幸有偉人感化，在心存戒懼，仔細觀察，終予交到知己，結果無咎，而功成。

六五——爻辭：悔亡，厥宗噬膚，往何咎。

　　由睽離，使悔恨消失，念宗親，有體膚受傷之感，再聚合，是吉慶的事。

上九——爻辭：睽孤，見豕負塗，載鬼一車，先張之弧，後說之弧，匪寇，婚媾，往遇雨則吉。（弧：木製的弓。）

　　上九陽剛，在睽之極端，其相應之六三，夾在二陽中間，也多猜疑，有孤獨思想，不與上九結合，使上九更形睽離孤立，性情更暴躁，像豬在泥濘中亂衝，弄得一身泥塗。視線不清楚，見一車壯士，卻認為鬼方盜寇，即張弓防守，

待察明後，才知是來求婚者，這批求婚者，遇到下雨，留宿相遇後，婚事終成，既和諧，且吉祥。

（三十九）蹇 (陰多)

卦辭——利西南，不利東北，利見大人，貞吉。

坎水在上，艮山在下，稱為水山蹇。

也是爬上崇山：再遇坎水，必然是更形困難，行進遲緩，依後天卦，西南是坤順，東北是艮山，再就中國地理。渡黃河向西南，是魚米之鄉，往東北，崇山峻嶺，又冰天雪地，故云：利西南，不利東北。

六二是下卦主位，九五是上卦主位，上下主管在位，是利見大人，必然成功。

初六——爻辭：往蹇，來譽。

初六是陰爻居陽位，地位不當，也是蹇難的開始，無援助，也無經驗，如果急切求進展，必陷入蹇難，應該見險即止，反求自己，充實自己，是反省進修的時候，等待時機。

六二——爻辭，王臣蹇蹇，匪躬之故。

六二居下卦主位，柔順中正，但上遇剛暴，威勢相逼不能以力制，也不能遁避，其本身及屬下皆在蹇難中，非本身之過失，只有堅持中正柔順之德，等待上應九五之新命，雖有險，卻旡怨尤。

九三——爻辭：往蹇，來返。

九三陽剛，居下卦之極位，本可進入上卦，卻也是艮止上位，前有坎險，只能退至六二，柔順以待時機。

六四——爻辭：往蹇來連。

　　六四柔順居陰位，有位有德，但前有蹇難。仍宜退而聯合九三陽剛，籍其才能，待時機再進取。

九五——爻辭：大蹇朋來。

　　九五是上卦主位，以其剛強才德，在大難之後，眾朋雲集而來，皆因所行，合乎中正之道。

上六——爻辭：往蹇來碩，吉，利見大人。

　　上六是蹇難的極點。動則得咎，但心懷大志，需往見偉大人物，其德位并隆者，才可受益，如誤投小人，必反遭其妒。

解

（四十）解（陰多）

卦辭——利西南，无所往，其來復吉，有悠往，夙吉。

　　上雷震，下坎水，稱為雷水解。

　　解是解脫與解放，雷動雨降，萬物孳生窮冬閉寒得解。

　　西南是坤體，坤能孳生，得至群眾，回來復興故也。不能因循敷衍，必須大展鴻圖，這時有事待興，努力去做，才奏奇效。

初六——爻辭：无咎。

　　初六柔和之德居下位，應九四陽剛，剛柔協和，自然无咎。

九二——爻辭：田獲三狐，得黃矢，貞吉。

　　九二剛健，內卦之主，上應六五，柔和首長，獲信任，以其剛健魄力，剷除狡狐般破壞社會不良份子，表現賢能忠貞獲獎，自然吉祥。

六三——爻辭：負其乘，致寇至，貞吝。

六三陰柔，在下卦極位，不中不正，是一種無才能而佔據高位，凡事過份緊張，把貴重物件，自己背負，方引起盜寇掠奪，不僅羞吝，也是醜事。

九四——爻辭：解而拇，朋至斯孚。

九四以剛健為輔宰，像用拇指可解結，解決問題，需從小事做起，由小至大，因四與相應之初，皆不當位，要求孚信，需有朋友相助，才能解決危難。

六五——爻辭：君子維有解，吉，有孚于小人。

六五陰柔居首長位，所應九二陽剛，會總攬事務，近有九四剛健，是輔宰，也會弄權，但六五以仁慈為主，用道德維繫人心，解除一切危難，化小人為好人。

上六——爻辭：公用射隼，于高墉之上，獲之，无不利。（隼：兇猛的大鳥。）

上六陰居高位，陰險如隼鳥，凶狠，橫逆弄權。殘暴內外，誤國誤民，而九四陽剛為輔宰柔弱之六五，解決悖逆，如同射中高墉的鷙，解除內外威脅，沒有不利之事。

（四十一）損（平均）

損

卦辭——有孚元吉，无咎可貞，利有悠往，曷之用？二簋可用享。（簋《ㄨㄟˇ：祭器。享：獻祭。）

損是兌下艮上，叫做山澤損。

山在上，萬人景仰，澤在下，澤水滋潤大地，萬民喜悅，因喜悅而感恩。奉獻給上天。上盈必降下所盈，有肥沃土地生產，使人生活在溫柔富庶環境中，或納稅給政府，使國泰民安，有堅固國防，不懼外寇。現代以救濟貧苦，代替

獻祭，是文明人的善行。

初九——爻辭：已事遄往，无咎，酌損之。

　　初九是才被任用，以其剛毅，上應六四之柔弱，在已成事實中，要迅速應援，但其交尚淺，當勘酌的情形，減少其損失。

九二——爻辭：利貞，征凶，弗損益之。

　　九二陽剛居柔位，要戒除征伐之氣，若以暴力向外活動，會招凶辱，應當固守，不自招損，便是受益，守中正，不妄進，可免損失。

六三——爻辭：三人行，則損一人；一人行，則得其友。

　　六三在九二與六四之中，易經中的陰陽，也是男女，這樣兩陰一陽，好像兩女一男的三角戀愛，須減少一人，才免除糾紛。如果是一人，可自行其道，自由婚配。

六四——爻辭：損其疾，使遄有喜，无咎。

　　（遄：急速。）

　　六四陰柔，在損中是一種毛病，與初九陽剛相應，可借初九之剛健，減少其弱點，就是說要借他人的力，除去自己的疾病，是可喜的事。

六五——爻辭：或益之，十朋之龜，弗克違，元吉。（朋：貨幣單位。）

　　六五柔順居上卦主位，有九二剛健之助力，又有十朋之龜那樣多錢財，其行合乎天意，自然得到佑助。

上九——爻辭：弗損，益之，无咎，貞吉，利有悠往，得臣无家。

　　上九陽剛，居損卦之極，物極必反，從損之經歷中，得

到經驗，能自益又能益人，無顧家之私念，必能得到下屬輔助。

益
䷩

（四十二）益（平均）

卦辭——利有悠往，利涉大川。

上巽風，下震雷，叫風雷益。

風有醒物效用，雷帶來降雨，有滋潤的功效，二者相互為用，增益萬物，雷動風行，可向外發展，

巽風是順，順著環境，也是大道，就是航道，可以發展國際貿易。

初九——爻辭：利用為大作，元吉，无咎。

初九陽剛，是震的開始，大有作為的現象，與上位六四相應，得蒙賞識，一開始就順利吉祥。可以做的事，一定奮發努力，不會有過錯。

六二——爻辭：或益之，十朋之龜，弗克違，永貞，吉。王用亨于帝，吉。

六二下卦之主位，與上卦九五尊主相應，得優厚賞賜，不可恣肆，不可違背自己的立場，不失貞正，才永遠順利。

六三——爻辭：益之用，凶事，无咎，有孚中行，告公用圭。（圭：古代行禮所執之玉板，紀錄報告事項。）

六三居內卦上位，位雖不正，再進便是輔宰執重權者，易串通舞弊，陰謀害人，在這種環境中，要以中正的行為、向上報告，備案，才可免凶禍。

六四——爻辭：中行告，公從，利用為依遷國。（遷國：因功封國。）

六四為輔助位，以中正道理，向上級報告，使國家獲大益，因而封疆。

九五──爻辭：有孚惠心，勿問元吉，有孚惠我德。

九五陽剛，居首長尊位，凡事順從民意，為大眾謀福利，不問可知，大有吉祥。

上九──爻辭：莫益之，或擊之，立心勿恒，凶。

上九是益之極位，有求益無厭可怕現象。由於過剛失中，受外來打擊，要決心去做正事，若無恆心，會遭凶禍。

（四十三）夬 (上爻卦主)

卦辭──揚于王庭、孚號，有厲，告自邑，不利即戎，利有攸往。（夬《ㄨㄞˋ：決心，決斷，潰決。）

上兌澤下乾天，叫澤天夬。

一陰五陽，陽剛過剩，難免有驕傲的態度，容易招致諂媚小人近身，要教以孚誠，臚事，勿貪取。教化的方法，在親近處開始，不能以兵戎立即相見，才能從危厲中轉為光明。

初九──爻辭：壯予前趾，往不勝，為咎。

初九剛健，像粗壯的腳趾，趾高氣揚，易犯躁進的毛病，沒有經驗，也沒有影響力，會自取其咎。

九二──爻辭：惕號，莫夜有戎，勿恤。

九二剛居柔位，不以剛健而傲物，不分日夜預防兵變，使不規的宵小，不能妄動。

九三──爻辭：壯于頄，有凶，君子夬夬，獨行遇雨，若濡有慍，无咎。（頄ㄑㄨㄟˊ：顴骨。）

　　　九三陽剛居下卦上位，像高聳的顴骨，急躁怒形於色，雖有心除害卻得不到上六之應合協助，又受眾陽猜疑，引發小人怨恨，雖遭遇悽慘，結果并無罪咎。

九四——爻辭：臀无膚，其行次且，牽羊悔亡，聞言不信。

　　　（臀：大腿上部。次且：行走不便，不能前進。）

　　　九四陽居陰位，像臀部無肉，行走不便，缺乏作輔助之柔順，雖知道牽羊的理論，要讓善走的羊兒在前面，控制權要操在自己手中，卻不信其行，只想求自己表現，不明察時勢，就發生趑趄於途，尷尬的現象。

九五——爻辭：莧陸，夬夬，中行无咎，（莧：山羊之細角。）

　　　九五陽剛居卦之主位，但近上六，見其柔順，署生憐惜，卻不知其內在性如山羊細角的狠戾，造成勢危，幸其本身陽剛中正，及時反省，未成大禍。

上六——爻辭：无號，終有凶。

　　　上六陰柔，是陰險行為已到極點，已無號召力，到了無外援的絕境，無論如何掙扎，都是凶險，卻仍無悔改意，結果一定凶險。

姤

（四十四）姤（初爻卦主）

卦辭——女壯，勿用取女。

　　　乾天在上，巽風在下，叫天風姤。

　　　姤有偶遇的意思。

　　　姤是一陰在下，五陽在上，一女與五男，顯示這女子的精壯，魅力，手段的不尋常，這樣出風頭的女子，不是治家的賢良婦女，婚姻不會長久和諧。

初六──爻辭：繫于金柅，貞吉，有悠往，見凶羸豕，孚蹢躅，

　　　　（柅：剎車。羸：ㄌㄟˊ柔弱。孚：浮。蹢躅ㄓ，ㄓㄨˊ：

　　　　裹足不前。）

　　　　初六是剛入社會的少女，有五男追逐，要能貞貞自守，

像靈活的剎車，控制自己。選擇適當對象。才吉祥。否則滛

聲四揚，像豬弄得滿身污泥，讓男士皆裹足不前。

九二──爻辭：包有魚，旡咎，不利賓。

　　　　九二陽剛，下卦主位，與初六陰爻相遇，是近水樓台先

得月，魚是陰性之物，包有魚表示，佳人在抱，是喜事，但

不可再有第三者。

九三──爻辭：臀旡膚，其行次且，厲，旡大咎也。

　　　　九三陽居陽位，過剛不正，像臀受傷，行動緩慢，情勢

雖危厲，卻無大礙，如同失位之人，上無牽引，遲遲未能復

職。

九四──爻辭：包旡魚，起凶。

　　　　九四本與初六相應，但初六都先與九二親近，使九四失

去民眾，旡魚是民眾都叛離，是自己失去養民之道，凶禍是

自己遠離了人民。

九五──爻辭：以杞包瓜，含章，有損自天。

　　　　（杞：枸杞，其葉味苦。瓜：甜瓜。隕：高處落下）

　　　　九五陽剛中正，在元首位，只因輔宰不良，好像杞包

瓜，苦甜備嘗，但本身實含才華，雖然國勢一度隕墜，仍能

扭轉大勢，福自天降。

上九──爻辭：姤其角，吝，旡咎。

　　　　上九陽剛居姤極位，遇到太多不滿意的人與事，自視又

太高，強硬得像獸角，易造成羞吝局面，卻尚無大礙。

萃
䷬

（四十五）萃（陰多）

卦辭——亨，王假有廟，利見大人，亨。利貞，用大牲，
　　　吉，利有攸往。

　　萃上兌澤，下坤地，叫澤地萃。

　　萃＝聚集。水在地上流聚成澤，王者在大廟表達孝思，
為百姓作榜樣，以禮消除兵戎凶禍。就不會有憂慮的事發
生。

初六——爻辭：有孚不終，乃亂乃萃，若號，一握為笑，勿恤。
　　　往无咎。

　　初六是萃聚的開始，是以真誠作為號召，但易引起一些
小人來聚，不能固守正道而動亂。此時上應之九四陽剛來應
援，上下運於一握，喜笑顏開。發展進取，便不會有過失。

六二——爻辭：引吉，无咎，孚乃利用禴。（薄祭）

　　六二陰柔在下卦主位，在群陰之中，有引薦賢士給九五
元首之吉祥，守中道，不結私黨，自然沒有過錯，和普通人
家用薄禮獻祭，同樣得上帝悅納。

六三——爻辭：萃如。嗟如，无攸利，往无咎，小吝。

　　六三居坤卦極位，在萃聚中，遇中有散亂現象，又不能
和上六相應，無上援，只有嘆息。求進取，卻得到是小不如
意，但仍存柔和之坤德，不會獨斷獨行，故不會有大錯。

九四——爻辭：大吉，无咎。

　　九四剛健為輔宰，在陰柔過多時，以陽剛協助統領，自
然大吉，但要注意，在剛直有權時，對上態度要柔順，對下

不可要求過嚴，才免除過失發生。

九五——爻辭：萃有位，无咎，匪孚，元永貞，悔亡。

　　九五剛健中正，在首長位上，能聚集才俊，便不會有過錯，若利用職權，萃積錢財，則孚信不立，俊才散去，是當勢者掌權的大病，要能以大局為重，修養道德，忠貞自得，悔恨自然消失。

上六——爻辭：齎咨，涕洟，无咎。（齎ㄐㄧ：嘆息。）

　　上六是萃積之上位，卻不是憑才能取得上位，當失勢時，朋比散盡，空自嘆息，暗地流淚。再不會有所作為，也不會有過失。

（四十六）升（陰多）

升

卦辭——元亨，用見大人，勿恤，南征吉。

　　上坤地，下巽風，叫地風升。

　　升是升高，進升。巽也是木，木在地中，自然向上升長。

　　九二陽剛，六五陰柔，互不相稱，但九二在巽順中，上坤柔，下巽順，是以和睦相處，以柔順態度進見上級，一定有喜慶，向南方光明之地進行，一定可完成志願，所以說是吉祥的。

初六——爻辭：允升，大吉。

　　初六的柔順，從進升中，容易得到上級的欣賞，與讚許，自然吉祥。

九二——爻辭：孚乃利用禴，无咎。

　　九二剛健居下卦中正，對下誠信，乃得擁護，對上誠

信，得到信任，不必獻厚禮，不會有錯。

九三──爻辭：升虛邑。

　　九三剛直，已升到下卦極位，前面是坤柔，好像是升到有職無權的位置。無所是事，也無可疑慮。

六四──爻辭：王用亨于歧山，吉无咎。

　　六四居輔助位置，往上是元首位，自然不可上升，以免見疑，六四柔順，得首長酬勞，歧山是周朝之首府地，在首府受招待，自然吉祥无咎。

六五──爻辭：貞吉，升階。

　　六五陰柔居陽位，如同周文王柔順事商殷，因此使武王得天下，文王得進一階，得大志。

上六──爻辭：冥升，升于不息之貞。

　　上六陰爻居上卦之極，若盲目沉迷於權勢，而不知止息，貪得無厭，只有消損。

困

（四十七）困 （平均）

卦辭──亨貞，大人吉，无咎，有言不信。

　　上兌澤，下坎水，叫澤水困。

　　在升極之後，勢力大，會被小人包圍，破壞，遭遇坎坷。

　　水自澤下流逝，造成涸竭，如果一個國家，經濟有了漏洞，軍中有了奸細，國家有了不貞員工、家中有了不肖子孫，都會陷入困境，這時要慎思明察，檢討過去，把失敗原因，化作生活經驗，樂觀奮鬥，抱真守貞，不失亨的境界，只有小人才窮斯濫矣！

初六──爻辭：臀困於株木，入于幽谷，三歲不覿。（覿ㄉㄧˊ：
　　　　見面。）

　　　　初六是困卦之底，像樹木之根，埋在土下，也和人的臀
　　部一樣，居暗處，失於深谷，歷久不易為人所發現，遇不到
　　提拔的人。

九二──爻辭：困于酒食，朱紱方來，利用享祀，征凶，无咎。
　　　　（紱ㄈㄨˊ：繫印環的繩，天子朱紱，諸侯赤紱。）

　　　　九二是下卦之柔位，但在困中，以剛健居此地方首長
　　位，有捍衛，有建樹，常蒙召見燕享，甚或聘為享祭，得親
　　近元首，見到君王之朱紱。若醉飽過當，反為所困，遭受坎
　　陰。若只是喜慶宴會，醉倒則无咎。

六三──爻辭：困於石，據于蒺藜。入于其宮，不見其妻，凶。
　　　　（蒺藜：有刺會傷人之蔓生植物。）

　　　　六三陰柔居陽位，又夾在九二，九四兩陽剛之中，好像
　　受硬石，硬刺所傷，上六又不相應，是失眾的現象，孤立無
　　助，家破人亡，極不祥。

九四──爻辭：來徐徐。困于金、車、吝，有終。

　　　　九四陽剛，上輔九五，陽輔陽，困難重重，下應初六，
　　又為九二阻隔，復遭情困，駕車前往應求，被困途中，歸來
　　遲緩，剛直之人，因私事誤時，定遭譏謗。

九五──爻辭：劓刖，困於赤紱。乃徐有銳，利用祭祀。（劓：
　　　　ㄧˋ，刖ㄩㄝˋ。劓：割鼻之刑，刖：削足之刑。）

　　　　九五剛健，但為陰掩，下有九二剛健，功大撼主，如同
　　上劓下刖。九二相等於諸侯，受其挾制，在此困境中，憑本
　　身剛健中正，虔誠獻祭，徐圖革新，終能脫困。

上六——爻辭：困于葛藟，于臲卼曰動悔，有悔，征吉。

　　（葛藟《ㄍㄜˊ，ㄌㄟˇ：糾紛纏累。臲卼ㄋㄧㄝˋ，ㄨㄟˋ：動搖不安。）

　　上九是困之極，像葛蔓糾纏，不得脫身，又動搖不安。動則牽連更多，不動又無法脫身。只因沒有當機立斷，奮發自立，要徹底悔改，莫再依靠他人，鎮定自持，才能轉困為吉。

井
䷯

（四十八）井 (平均)

卦辭——改道不改井，无喪无得，往來井井，汔至。

　　亦未繘井，羸其瓶，凶。（汔ㄑㄧˋ：摩近。繘ㄐㄩ：汲水之繩索。）

　　坎水在上，巽風在下，叫水風井。

　　巽也有順的意思，是順著水脈而出。

　　有人口聚集，必有井。這是古代人的生活基本；鑿井用石塊砌成井，其體有常不變，汲水的人，多且雜，卻都自我約束，秩序井然，水自有泉源，任人取用，不求代價，汲水必守中道，不能偏差搖動，否則，碰到井壁，損壞了井瓶是失敗了。巽也是木，水因有木，才能彰顯其功能，水順著草木的莖上升，使草木生長成就。成就其養民的功用。

初六——爻辭：井泥不食，舊井无禽。

　　初六陰柔居下位，井水最重要是清潔，若被泥污，便沒人食用，成了廢井。也表示，下級幹部貪污虐民，百姓便離去，遭到淘汰。

九二——爻辭：井谷射鮒，甕敝漏。（井谷：井壁間小穴。鮒：

蝦蟆。甕：汲水的瓶。）

　　九二陽剛居柔位，僥倖得主官位，卻剛愎自用，好似見到井壁小穴，中有隻水蛙，就用箭去射，卻射破了汲水的瓶，漏了水。這是沒有見識者，僥倖得到主官職位，常犯的毛病，上應九五，同性相斥，孤立無助。

九三——爻辭：井渫不食，為我心惻，可用汲。王明，並受其福。（渫ㄒ丨ㄝˋ：去污使清潔。）

　　九三剛直，一旦受到誣諂，遭受冤控，如同井水要很清潔，一旦受污，即使已清除了，仍有人不敢食用，這剛直的人雖經證明其清白，仍有很多人不相信，如遇到賢明首長，了解他，任用他。就得到幸福。

六四——爻辭：井甃无咎。（甃ㄓㄡˋ：磚砌之井壁，受損部分。）

　　六四上近九五中正元首，但下有九三進逼，環境不甚理想，像井壁破損，會使泉源淤塞，要儘早修補，可早日使用，六四要以柔和態度化解九三的脅迫，以柔順接近九五，便無過錯。

九五——爻辭：井洌，寒泉食。（洌：清潔的冷水。）

　　九五陽剛得位，是賢明有才德的民選首長，不受外界影響，永遠清潔甘甜冷洌。

上六——爻辭：井收勿幕，有孚元吉。

　　上六是井之極位，不是井底之蛙，也無淤泥。井壁已修好，有甘美清洌寒泉，供大家食用，不再加覆蓋幕，這種出自極位的慈惠德澤，一定使萬民歸心。

（四十九）革（陽多）

卦解——巳日乃孚，元亨利貞，悔亡。（巳：革新。）

澤上離下為澤火革，革是革新，改革。

外順時代要求，內有離卦文明，以義理為基礎，這樣除舊換新，一定大有亨通，自然無悔恨之事。

革是將牛皮在燒火上，褪去毛，而成堅韌的革。

初九——爻辭：鞏用黃牛之革。（鞏：柔結堅固。）

初九陽剛，但居於最基層，上應九四，為同性相斥，得不到援助，要有耐力，像黃牛的皮革，穩紮穩打，不躁進，做好基層工作。

六二——爻辭：己日乃革之，征吉无咎。

六二陰柔，居基層主管，上應九五陽剛，得到支持，下有初九穩重耐勞，從事改革，自然順利，无咎。

九三——爻辭：征凶，貞厲，革言三就，有孚。

九三剛強，急於革新，躁進，前面六二柔順，不肯協助，九四又疑其躁進野心，在這樣環境，易遭危厲。宜將革新原因，可行方法，再三說明，取得上下同意，才能有所成就。

九四——爻辭：悔亡，有孚改命，吉。

九四陽居陰位，其位不當，易發生不愉快事情，但在非常時期，需要強有力之輔助者，先要取得上下誠信，到了必需改革時候，才能達成改革。

九五——爻辭：大人虎變，未占有孚。

九五陽剛居正位，是自然的領袖。有其威嚴，必然領導

改革成功。

上六──爻辭：君子豹變，小人革面，征凶，居貞吉。

上六是革之極位，改革已有成就，像豹子有文采，能登高峯，攀樹顛，卻要改變豹子躁急殘虐性格，以文采化小人。

鼎

（五十）鼎（陽多）

卦辭──元吉，亨。　（亨：烹）

離上巽下叫火風鼎。鼎下有三足，用來烹調食物。食物由生變熟，是人對生活，一大改變，所以是鼎革。

巽是風，也是木，鼎卦的下巽是心志和順，上離是光明聰慧，六五柔和中正，下應九二陽輔弼，上有柔和元首，下有剛健政務官，是大有亨通局面。

初六──爻辭：鼎顛趾，利出否，得妾以其子，无咎。

　（否ㄆㄧˇ：惡、積污。）

初六是鼎之下爻，像鼎下之足，上應九四，引趾向上，是將鼎傾倒，以利清除鼎內污積，有除舊革新之現象，也有除惡務盡的含意。也像古代妾室生子，便可得名位，也表示改過自新之人，有了自新的表現，便可洗刷舊有惡跡，无咎。

九二──爻辭：鼎有實，我仇有疾，不我能即，吉。

九二陽剛在下卦中位，是有實權之基層主官，要小心下接初陰，以私相誘，是一大危險，若能以陽剛果決，斷絕溺私，再加上應六五，注意其才華，加以賞識，便是吉祥。

九三──爻辭：鼎耳革，其行塞，雉膏不食，方兩虧悔，終吉。

　　九三位在鼎腹，上承離卦，文明優美，似乎是有肥美之野雉在前，但九三陽剛，上九亦陽剛。好像鼎耳脫落，不便移動，鼎中美食，無人食用，又過兩天而腐敗，情況狼狽，非常後悔，表示，雖是賢才，卻乏提攜，要勉勵現實工作，不斷吸收生活經驗，一旦獲上識。終得吉祥。

九四──爻辭：鼎折足，覆公餗。形其渥，凶。

　　（餗ㄙㄨˋ：美食。）

　　九四陽剛在陰位不當，本是輔弼，有薦人，用人之權，只因剛愎，寵用小人，像鼎折足，傾覆鼎中美食，使國家遭受損害，元首蒙羞，自己有虧職守，招凶。

六五──爻辭：鼎，黃耳金鉉，利貞。（鉉：橫樑橫木。）

　　六五柔和在坤位，能容九二剛直之基層幹部，及九三剛直權臣，好像一根橫樑，貫鼎之兩耳，能舉炙熱之鼎，及大量美食，皆因身為首長者，中正容人，有金鉉般的實力。

上九──爻辭：鼎玉鉉，大吉，无不利。

　　上九陽剛位極，雖不在正位，卻有影響力，像鉉一樣，有移鼎之力，都要以陽剛居陰柔位，像美玉純潔，能剛柔調節，无不利。

（五十一）震（陰多）

卦辭──亨，震來虩虩，笑言啞啞，震驚百里，不喪匕鬯。

　　（虩ㄒㄧˋ：震恐四顧。匕ㄅㄧˇ：長匙。鬯ㄔㄤˋ：香酒。）

　　震雷重疊，一陽始生二陰之下，是震動奮發的現象。雷聲隆隆，也是亨通的現象。雷震時，也如同迅雷不及掩耳的

事發生。要能不驚惶失措，笑哈哈地把問題解決。雷聲震萬里，也表示臨大難而不驚懼，才不會像古代喪國，而失去宗廟之祭品。

初九——爻辭：震來虩虩，後笑言啞啞，吉。

　　初九陽剛，是雷震的主體，雷聲起，必驚惶四顧，若平時常存敬慎戒懼。驚恐過後，又多一次經驗，恢復笑談，必順利吉祥。

六二——爻辭：震來厲，億喪貝，躋于九陵，勿逐，七日得。
　　（億：忖度。七日：完整的一週。）

　　六二陰柔在初九陽剛之上位，初九初入社會有股蠻勁，偶爾會凌上，造成六二財物損失或威脅到生命，這時要權衡輕重，莫咎嗇財物，以柔和化解危厲，不予追究，且上應六五陰柔，無魄力支持。待事後，平暴適宜，得上級提升，這是天道七日循環。

六三——爻辭：雷蘇蘇，震行无眚。（蘇蘇：恐懼不安。眚ㄕㄥˇ：殺滅。）

　　六三柔順在下卦極位，因雷震而產生恐懼，與上六同性相斥，得不到支持，皆因自己多疑，而震驚過去，并沒有遭到殺滅的災禍，有驚無險。

九四——爻辭：震遂泥。

　　九四陽剛，夾在兩陰之間，在雷震時，張惶失措。像陷在污坭中。

六五——爻辭：震往來厲，億无喪，有事。

　　六五陰柔，君威薄弱，六二亦陰柔。基層力量亦薄弱，九四陽剛震主，加初九應合，有改變之情勢，幸六五精打細

算，事先準備，免了政變。

上六——爻辭，震索索，視矍矍。（矍ㄐㄩㄝˊ：呆視。）

上方雷震之極，渾身發抖，兩眼呆視，形同木雞，雖未遭危難，難免受人譏笑有虧心事。

（五十二）艮（陰多）

卦辭——艮其背，不獲其身，行其庭，不見其人，无咎。

艮山重疊，起伏形勢雖有不同，它的靜而不動卻是相同，也像人的背部，雖是人身的主幹，卻不同身體其他部份，有所表現，與人接觸，都碰不到背，也見不到背，所以不會有過錯，艮止是一陽止於二陰之上，至極上而止，是要止於應當止的地點與時間，止也是不妄動。

初六——爻辭：艮其趾，无咎，利永貞。

初六是山腳，是初入社會的人。要有持久貞正的耐力。像山腳桼下穩固基礎，雖然進行慢一點，卻不會有過錯，也是慎始。有了真正穩固的基礎，才能升至無限高。

六二——爻辭：艮其腓，不拯其隨，其心不快。（腓：小腿肚。）

六二是下卦主位，像人的小腿肚，也像基層幹部，對人的行動有絕對功用，但不可一意孤行，不提拔助手，不聽取助手意見，會弄出不愉快的事。

九三——爻辭：艮其限，列其寅，厲薰心。（限：腰跨位。寅ㄣˊ：夾脊肉。列：裂。）

九三陽剛在二陰之間，像人的腰跨部位，如果脊椎脫臼，腰肌發炎，影響了整體的活動，便會憂心如焚。

六四——爻辭：艮其身，无咎。

　　六四陰爻居陰位，柔順不妄動，對時事作客觀分析，有能力約束自己，不會有錯。

六五——爻辭：艮其輔，言有序，悔亡。（輔：面頰。序：程序，限制。）

　　六五是陰居陽位，是女性主官，要防下屬小人設計逢迎，要控制自己表情，不能喜怒哀樂形於色，說話要秩序井然，行事適合中道，雖陰居陽位，都无悔事。

上九——爻辭：敦艮、吉。（敦：高地。）

　　上九是艮的極端，是山的頂端，是退休的家長，不要再有飛升的妄想，不要用不合時宜的思想，去干擾家政，靜止便是吉祥。

漸

（五十三）漸（平均）

卦辭——女歸，吉，利貞。

　　上巽風下艮山，成為風山漸。

　　巽風也是木，山上的樹木，從幼苗，絜根，盤根，漸漸高大，才經得起狂風襲擊。

　　古代婚禮，需經納采，納雁，問名，納徵（訂婚）問期。聽命，催粧，婚禮等步驟，漸完成，現代婚姻，雖不必這樣繁文縟節，也要認識，觀察，了解，逐漸進入戀愛，訂婚，結婚，這樣結合，才吉祥幸福。

　　社會上，君子用德澤教化，使風俗趨向善良，使整個社會達到盡善盡美，都是漸進的。

初六——爻辭：鴻漸于，小子厲，有言无咎。（鴻：大雁。）

　　初六是漸漸開始，是人生開始踏入社會，社會上隱藏著無限危機，要像大雁一樣，行動小心，到水溪去喝水，一定慢慢走過去，就如同婚姻的第一步，納采也叫納雁。小雁知識不足，就易遭危厲，要聽取大雁的言語，才無錯。

六二——爻辭：鴻漸于磐，飲食衎衎，吉。（衎：和樂。）

　　六二柔順中正，不急於貪食，雁本來喜去窪地吃天然的鹽，這些地方設有暗械，大雁先飛到磐石上，求得平安快樂，就像守正不阿的人，不貪取，不像尸位素餐的人，不勞而獲，卻心虛不能平安，快樂潔身自愛，永保平安。

九三——爻辭：鴻漸于陸。夫征不復，婦孕不育，凶。利禦寇。

　　九三陽爻陽位，下卦之極位，是急於求進展。雄雁離群不返，是違背論理的行為，婦人懷孕生子，不盡責教育，才有壞倫理的逆子，二者有失於人倫大道，形成了凶禍。

失配偶的雁，有難眠情思之若，卻可利用來守夜，作防禦，達到保護。

六四——爻辭，鴻漸于木，或得其桷，无咎。（桷ㄐㄩㄝˊ：樹橫枝。）

　　六四陰柔在輔弼之位，如同守夜之雁，要站在樹枝上，但雁趾有蹼，不能握住樹枝，若找到樹木平伸的大枝，可以完成警戒工作，則无咎。

九五——爻辭：鴻漸于陵，婦三載不孕，終莫之勝，吉。

　　九五是專注，好像雁在高陵之上，正應之六二是夫婦，但有妾侍之六四得到寵愛，幸三年不孕，才使夫婦再結合。也如同首長，受接近之佞媚蔽障，不得發展事業幸福。佞者未能得勝，上下相會，才是吉。

上九──爻辭：鴻漸于陸，其羽可用為儀，吉。

　　　（陸是逵之誤，逵ㄎㄨㄟˊ：要道，大路。）

　　上九是漸的極位，雁已飛上雲天，有序的行列，扇動美麗的翎羽，像儀飾旌旗的前導。

歸妹

（五十四）歸妹（平均）

卦辭──征凶，无攸利。

　　上震雷下兌澤為雷澤歸妹。

　　震雷為長男，兌澤為少女，長男與少女結合，本是正常。但震雷之主爻為陰，兌澤之主爻為陽，則反為陰主動，男悅隨，故本卦是女主動征服男。是不正常，會有不利，難長久諧和。

初九──爻辭：歸妹以娣，跛能履，征吉。

　　　（娣ㄉㄧˋ：妾。跛ㄅㄛˇ：足不良於行。）

　　初九與九四不能適應，居下位，如古代婚姻中之妾侍，但陽剛幹練，能助正室，好像跛腳穿鞋，一旦以妾室得正位，便是吉利。

九二──爻辭：眇其視，利幽人之貞。（眇：獨眼。幽：隱微。）

　　九二是下卦主位，是家中主婦，卻是奇爻，好像少了一隻眼睛，有了缺點，難得丈夫寵愛，但因本身賢良，剛正，不與妾室爭寵，不變其守正常態，會有好結局。也如同現在的政府或團體中，也有主管失寵，而助理得寵，其理相同。

六三──爻辭：歸妹以須，反歸以娣。（須：君夫人隨嫁的姐姐。）

六三是內卦極位，年長卻不等待為正室之機會，在妹妹出嫁時，自願作妹妹的側室，是不適當的事。

九四──爻辭：歸妹愆期，遲歸有時。（愆期：延期。）

九四剛強，不同於六三，不願作妾室，而延期，要等待時機作正室。

六五──爻辭：帝乙歸妹，其君之袂，不如其娣之袂，良月幾望，吉。（袂ㄇㄟˋ：衣袖。望：十五月圓夜。）

六五是全卦主位，與九二相應，陰陽互易，內外失正，以君為甲，君夫人為乙，所以叫帝乙，即是女君，其衣飾不如妾室衣飾之美麗，但其內在德性，尊貴行為，有如滿月的氣質。

上六──爻辭：女承筐，旡實，士刲羊，旡血，旡悠利。

（刲ㄎㄨㄟ：宰殺。）

上六是極位，是到了非舉行婚禮的時候，但雙方都無誠意，像採桑摘果的籃中沒有實物，新婚時，宰羊不見血，沒有宰到羊，都是虛應，自然不會有好結果。

豐 （五十五）豐（平均）

卦辭──亨，王假之，勿憂，宜日中。（假：盛大。）

上雷震下離火，會成雷火豐。

雷動有雨，有豐收的物產，必享有豐富的生活，豐年伴有治功盛大。震雷又是圖謀強大，離明有廣大智慧，這對做首長者要明白。日中過後便是夕墜，不要一時煊赫而自恃，要抱道持守。

初九──爻辭：遇其配主，雖旬天咎，往有尚。（旬：十日。）

初九陽剛是離的開始，與九四相應，皆屬陽剛，但上下有別，若能平等相待，互相信賴，沒有過錯。若下級昧於平等，誤解平等對上有失禮之處。則招致災禍。

六二——爻辭：豐其蔀，日中見斗，往得疑疾，有孚發若，吉。

（蔀ㄅㄨˋ：遮蔽光明之物體。斗：北斗星。）

六二是離的主位，光明最盛，但上應六五，都是震雷主位，烏雲密佈，自然暗昧。使白天可以見到北極星斗。也像一些暴發戶，因突然的富有，而不知所措，蔽去其聰明，這時去進行做事，會遭人猜疑，只有保持誠信，爭取信用，才能發揮自己才能。

九三——爻辭：豐其沛，日中見沬，折其右肱，旡咎。（沛ㄆㄟˋ：厚帳幕。沬：斗末的不明亮小星。）

九三在離火極位。反形成厚帳幕，遮蔽了視線，只見到北斗尾星，在暗昧中傷了自己最有用的右臂，也表示，重傷國家的重臣，這樣眼光如荳，怎能有大作為。

九四——爻辭：豐其蔀，日中見斗，遇其夷主，吉。（夷主：平和的主人。）

九四陽居陰位，被強者自尊心蒙蔽，幸上面平易近人之首長，救他走出自己製造的黑幕，撥雲見日，得到吉祥。

六五——爻辭：來章有慶譽，吉。

六五陰柔，本無所作為，但能虛懷若谷。不忌強輔，委以重任，又用六二離明中心掌內政，內政修明，國防鞏固，是國有良才，自然吉慶。

上六——爻辭：豐其屋，蔀其家，闚其戶，闃旡其人，三歲不覿，凶。（闚ㄎㄨㄟ：門縫隙中看物。闃ㄑㄩˋ：靜寂旡人。

覲ㄐㄧㄥˋ：帶禮物晉見。）

上六是豐之極位，把豐富的錢財，用於奢侈生活，把家蔽障重重，沒有賢士行來也沒有人持禮物來晉見，從門縫中向裡看，也寂靜旡人，是有凶禍。

（五十六）旅（平均）

卦辭——小亨，旅貞吉。

上離火下艮山為火山旅。

艮止的山（靠山）被火焚燒，有無家可歸，流浪他鄉的現象。

旅是離家在外，有三種可能：①旅遊觀光。②攜資遷移。③家毀逃離。

離家在外，凡事要小心，自我約束，性情不能固執，見聞增多，明白事理，就會小有亨通。

六五陰柔是旅卦之主，上下有二陽剛輔弼，不會陷於孤立，內柔和處外順剛健以得人。

內卦艮止，能安靜不躁，外卦離明是明曉事理，順應事物得小亨。

火在山上燃燒，不斷移動，也是逆旅不斷移動。

在刑法上，審理案件，要威烈明快，在審判中，要有山般的佐證，無冤獄，無積壓。

初六——旅瑣瑣，斯其所取，災，（瑣：瑣碎。）

初六表示，初次出外旅行，不明身處異鄉，凡事瑣碎，不大方。因小事去麻煩或打擾別人，或貪點小便宜，都會招人輕侮，身受災禍。

六二——爻辭：旅即次，懷其資，得童僕貞。

　　（次：舍，旅舍。資：資財，資本。）

　　六二柔順中正，出外旅行，住進好的旅舍，得以安靜休息。帶了足夠的川資，加上忠心的僕從，使這次旅行，得到愉快。

九三——爻辭：旅焚其次，喪其童僕貞，厲。旅途中，燒毀了營帳，喪失了忠僕，苦啊！以信待人，人報以忠誠，以懷疑心待人，會失去人家尊重，領導者言出必行，言行合理至為重要。

九四——爻辭：旅于處，得其資斧，我心不快。（資：資本。斧：防身武器。）

　　九四陽居陰位，位不當，旅是從遙遠而來，只得到以剛健體格，持斧鉞作衛士之工作，雖有薪資可領，卻心中不快。

六五——爻辭：射雉，一矢亡，終以譽命。

　　六五本是君王之位，在旅卦中，只能代表受君王之命，出使他國，路見美麗野雉，用箭射中，野雉卻帶箭而逃，但射中野雉之聲譽，被傳開，是好事。

上九——爻辭：鳥焚其巢，旅人先笑，後號咷，喪牛於易，凶。

　　（易：場，國之邊界。）

　　上九是離火之極位，鳥巢築在樹顛，是上九之位，被火焚燒，鳥禽會飛逃，旅人見情形，只覺好笑，豈知回到旅舍，住處被燒，財物喪盡，只有痛哭，就像蠻牛衝出圍，不能回頭，凶極。

巽
☰☰

（五十七）巽（陽多）

卦辭——小亨，利有攸往，利見大人。

巽風重疊而成此卦。一陰伏於二陽之下，其性柔和，遵從上級命令。上卦九五陽剛中正，表示有上級英明領導，只要下級聽命行事，便有成就。下級柔順，與上級常相接近，得到欣賞，可獲小利。

巽風中。上級命令，如風行草偃，順利達成。

初六——爻辭：進退，利武人之貞，志治也。

初六陰柔在下，是剛入社會之低級職員，做事猶疑不定，隨風倒來倒去，這樣的下級，適應於好武，果決之上級，正好表現其忠貞服從，久之，事務處理得更好，志願也順得達。

九二——爻辭：巽在床下，用史巫紛若，吉，无咎。

九二是陽居陰位，是下卦之主，是基層主管，有剛強不安現象，古代主管，坐在床上，由下層跪在下面，像武者，紛紛陳述其利害，才能達到厥中程度，免除錯誤。

九三——爻辭：頻巽，吝。（頻：連續再三再四。）

九三在巽順中，有過份柔順的意思，像傀儡一般，是一種羞吝。

六四——爻辭：悔亡，田獲三品。（田：田獵。）

六四陰居陰位，職位相稱以柔順應承九五陽剛，以柔和獲九二，九三助力，像隨君王田獵，能獲三種獵物，呈上，建一大功。

九五——爻辭：貞吉，悔亡，无不利，无初有終。先庚三日，後

庚三日,吉。（庚：肅然更改。）

九五剛中,在君位,在巽順中,太多諂佞順從,必須提出改革,再加監察,查清變改的結果,必須本身有堅貞的魄力,無徇無私,自然有好結果。

上九——爻辭:巽在牀下,喪其資斧,貞凶。

上九陽剛,在巽順之極位,過於柔順,過於卑躬下士,反遭奸小利用,喪師辱權,有人直諫,不加採納,卻遭凶禍。

（五十八）兌（陽多）

卦辭——亨,利貞。

兌澤重疊,卦之上爻是陰爻,像笑口常開,有柔和快樂的外表,以和樂的態度對上,對下,對任何人,都會有好的反應。

兌澤是澤水滋潤大地,滋潤萬物,萬物茂盛,一定亨通。

和悅要永貞,滋潤要有恆,或者失常,而成水災,或乾旱,萬物受其害。守貞才亨通。

初九——爻辭:和兌,吉。

初九剛健,是初入社會之青年,為人正直和悅,行事必然順遂吉祥。

九二——爻辭:孚兌,吉,悔亡。

九二陽剛居陰位,不當,卻因剛中誠心,又以笑臉迎人,免除了悔恨的事。

六三——爻辭:來兌,凶。（來：反而來。）

　　六三是下卦極位，陰居陽位，不當，其上方為陰爻，不能應助調和，反來求九二，九四，是曲意逢迎，易遭凶禍。

九四——爻辭：商兌未寧，介疾有喜。

　　九四陽居陰位，不當，上承九五中正，但同性相斥，下乘六三其位亦不當，上下兩邊，不知遷就那邊好，是以心中不寧，若能像介石不偏不私，則可喜。

九五——爻辭：孚于剝，有厲。

　　九五陽剛中正，以誠待人，也易信任別人，左兌悅中，要謹慎戒懼，防大眾利用笑臉相迎，甜言蜜語，來欺騙而遭剝。

上六——爻辭：引兌。

　　上六陰柔，在兌悅之極位，是社會經驗豐富，喜用笑臉迎人，引誘別人，這是小人的方法，不光明。

渙
䷺

（五十九）渙 （平均）

卦辭——亨，王假有廟，利涉大川，利貞。

　　（假：大。廟：廊廟，也是政府。）

　　上巽風下坎水，是風水渙。

　　渙是風在水上吹縐一湖，向四方渙散。這是在世亂時期，謠言滿天，人心渙散。必須強力的領導者在廟堂之上，領導大家，克服困難，渡過大川，便得吉祥。

初六——爻辭：用拯馬壯，吉。

　　初六是初入社會之青年，在渙卦表示，他思想渙散，行動渙散，需要有才有德的救助，使他變成壯馬一樣，才是吉祥。

九二——爻辭：渙，奔其機，悔亡。

　　九二陽剛，是下卦坎險之主，因為剛強，會很快克服坎險，安定了自己。也可挽救群眾，進入好環境。

九三——爻辭：渙其躬，无悔。

　　九三是坎險之極，要本身求向外發展之意志向前，使進入巽順，自然沒有後悔的事。

六四——爻辭：渙其群，元吉。渙有丘，匪夷所思。

　　六四在坎卦之後，進入巽順。可以把同患難之僚屬朋友，群聚起來，開闢一個新環境，人格像山那麼高，人數像山丘那麼多，是難得的事。

九五——爻辭：渙汗，其大號，渙。王居，无咎。

　　九五剛直居中正地位，提出革新，清除舊習，像良醫治病，使人身發汗，散盡病毒，是好事。

上九——爻辭：渙其血，去逖出，无咎（逖：遠處。）

　　上九陽剛，在渙散的極位，一些渙散到極點的人，要用針灸放出這些毒害，使之遠離，換上新血，才能轉危為安。

（六十）節 （平均）

卦辭——亨，苦節，不可貞。

　　上坎水下兌澤，為水澤節。

　　水流入澤凹處，不再橫流為害，便是有了節制。滋潤萬物。但節制要適當，若節是過分的節制，便是吝嗇。這樣自己的事業，不能發展，也得不到別人的幫助。

初九——爻辭：不出戶庭，无咎。

　　初九剛健，任節卦之初，表示初入社會之青年，不要超

出自己執掌之範圍，不得剛健，亂出風頭，就不會招致災害。

九二——爻辭：不出門庭，凶。

九二剛健，在下卦之主位，相當於基層主管，若固持成見，不順時勢，不順從上級命令，不採納議會建議，會失敗到極點。

六三——爻辭：不節若，則嗟若，无咎。

六三本身陰柔，卻在陽位，有好動的樣子，是好虛榮，不知節制，會發生悲痛嘆息的事，若凡事注意，加以節制，就不會有過錯。

六四——爻辭：安節，亨。

六四陰居陰位，適當之輔位，安份有節制，聽命於上九元首，不自作主張，自然亨通。

九五——爻辭：甘節，吉，往有尚。

九五是剛健之元首，遵守制定的禮法，合乎人情，通合事理，完美的節約，繼續進取發展，一定有高尚的成就。

上六——爻辭：苦節，貞凶，悔亡。

上六是節之至節，是苦節，也是吝嗇，若以苦節強制他人，必導至凶禍。

（六十一）中　孚 (陽多)

卦辭——豚魚吉，利涉大川，利貞。（豚：笨拙小豬。）

上巽風下兌澤，為風澤中孚。

兌是喜悅，巽是順從，外有剛健防衛，內有上下虛心相待，推誠佈公，推己及人，萬眾歸心。

中孚是中心誠信，冥頑笨拙的豬兒，魚兒，都受到感應，向外發展，必可成功。

中孚卦外實中虛，像木船虛可容人，外殼堅固可載人。巽為木，兌為澤，舟浮水面，要能同舟共濟，萬眾一心，可向外發展。

初九——爻辭：虞吉，有它不燕。（虞：考慮。燕：安息。）

初九中孚初爻陽剛，是初入社會者，對人對事，都要考慮清楚，如有不妥當，則不得安寧。

九二——爻辭，鳴鶴在陰，其子和之，我有好爵。吾與爾靡之。

九二剛健在下卦主位，如同地方行政官，用鶴表示其才能高尚。鳴鶴表示他提出高尚主張，一定會得到全民贊同，也好像有好酒，邀大家同飲。

六三——爻辭：得敵，或鼓或罷，或泣或歌。

六三在兌悅的極位，享有快樂，位高卻不是正式執政者，要敲起戰鼓，又突然休戰，造成幾家歡樂，幾家愁。

六四——爻辭：月幾旺，馬匹亡，旡咎。（幾：接近。）

六四陰柔居輔助位，像月亮將到月旺時，擺脫了六三這樣的害群之馬，下應剛直之初九，順從中正的九五領導，可以有圓滿的結果。

九五——爻解：有孚攣如，旡咎。（攣：牽繫連結堅固。）

九五陽剛居中正元首位，下有九二陽剛，有才能之地方幹部，彼此連繫穩固，配合堅強，是好的分層負責，自然旡咎。

上九——爻辭：翰音豎于天，貞凶。（翰音：雞振翅發的聲。）

上九剛強居中孚之極位，像家禽飛到屋上或樹上，振翅

高聲叫，自鳴得意，即使主人用竹竿趕，也不肯下來，不知本身并非飛禽，偏要飛高，終予招凶禍。

小過 （六十二）小　過（陰多）

卦辭──亨，利貞，可小事，不可大事。飛鳥遺之音，不宜上，宜下，大吉。（遺之音：鳥受傷留下之音。）

上雷震下艮山，成為雷山小過。

雷主動，山主靜，動靜之不相宜，處事常有過之或不及。也是僅憑自信，未作客觀分析。沒有詳細研討。做的事，會發生小過失。小過也表示事情做的稍微過分一點，或是還沒有達到標準。若能記取這種小錯，作生活的經驗，加以改正，必能發展亨通。小過之卦還是陰多於陽，常因陰柔寡斷，產生過失。本來陰柔會仔細、和順、不敢冒險，雖然外有震動，但內部穩如泰山，小過之後，反而會有亨通。

二陽居中位，四陰在兩側，像鳥身和鳥翼，像徵飛鳥，鳥靠羽翼，振翅高飛，在高空發現目標，俯衝下來，也只能獲取小物體，若不自量力，或判斷錯誤，或受獵人攻擊，受了傷，發出哀鳴，就不能再行高飛，要降下來休養，待時機，才能大吉。

初六──爻辭：飛鳥以凶。

初六柔順，像初入社會，尚無經驗，卻上應九四，急於求進，不顧後果，飛得太高，目標暴露，易有凶禍。

六二──爻辭：遇其祖，遇其妣，不及其君，遇其臣，无咎。（妣：祖母。）

六二陰柔在下卦主位，位中正，其上為九三陽爻祖父，

為陽性，六二上應六五，是陰爻，君王位如同祖母。掌家權，似乎越過祖父去謁見祖母，又只見到臣僕，因為原本沒有上面的召見。故不能算過錯。

九三——爻辭：弗過防之，從或戕之，凶。（戕：殺害。）

　　　九三陽剛，下卦極位好動，上應上六，易遭六五不歡，此時宜小心防之，才免於受害。

九四——爻辭：无咎，弗過遇之。往厲必戒，勿用永貞。

　　　九四陽剛居柔位，上接六五，柔和君主，以剛輔柔，本不會有過失，但因地位不適當，不可一成不變，才可免受猜忌。

六五——爻辭：密雲不雨，自我西郊，公弋，取彼在穴。（弋：用代線的箭打獵。）

　　　六五陰柔居高位，因為中國西部是山區或沙漠，水份少，東部才是海洋，在西部形成的雨，向東行，因水份不足，無雨。表示陰柔居高位。做不出什麼大事業，也像用帶線的箭，只能射穴中小動物。

上六——爻辭：弗遇過之，飛鳥離之，凶，是謂災眚。

　　　上六陰爻居雷震極位，陰柔本是靜，卻在動之極，是過了份，像飛鳥受了傷驚飛。也是做人太過份，得不到人的尊敬，皆因亢傲，而招災禍。

（六十三）既　濟（平均）

既濟

卦辭——亨，利貞，初吉，終亂。

　　　上坎水下離火為水火既濟。

　　　水性向下，火性向上，產生上下調濟的自然現象。且一

三五為陽，二四六為陰，各適其位，是理想的顛峯，往後只能有小成，要滿足堅守。如果躁進，終成亂局。

初九——爻辭：曳其輪，濡其尾，无咎。（曳ㄧㄝˋ：拖拉，濡ㄖㄨˊ：浸濕、滲透。）

初九陽剛，有強力推動車輪，渡過河川，但車太重，車尾被浸濕，事成功了，不是過錯。

六二——爻辭：婦喪其茀，勿逐。七日得。（茀ㄈㄨˊ：飾台。）

六二陰柔居陰位，在下卦之主位，是基層主管，上應九五中正元首，相互配合，容易完成理想，即使小有失落，就像一個婦人，失去一件小飾物，也用不著找尋，自然有人週內送還。

九三——爻辭：高宗伐鬼方，三年克之，小人勿用。

九三陽居陽位，是倨傲的人，會目空一切，容易聽信小人。如同歷史上，殷商強盛期之高宗，出兵南方荊地三年，使民窮財盡，才獲勝，皆因任用小人。

六四——爻辭：繻有衣袽，終日戒。（繻ㄒㄩ：滲透。）

六四陰柔居陰位，凡事仔細，六四上下皆陽爻，有如木舟之形狀，舟在航行中，防舟身破裂，要準備一些舊衣物去填補漏縫，隨戒傋，以達既濟。

九五——爻辭：東鄰殺牛，不如西鄰之禴祭，實受其福。

九五是首長君王位剛強，在歷史上，東方商紂王雖殺牛祭天，卻不如西方周文王薄祭愛民，天賜其福。

上六——爻辭：濡其首，厲。

上六是坎險之極位，又因本身陰柔，缺乏應變能力，如同狐狸在渡河中，驕傲地轉身取河水洗臉，因俯身失去平

衡，頭浸入水，造成危難。

（六十四）未　濟（平均）

未濟

卦辭——亨，小狐汔濟，濡其尾，无攸利。

　　　上离火下坎水，火性向上，水性向下，背向不相交，不能互相為用，做事不易成功，要慎才能渡過坎險，奔向離明。

　　　小狐渡河時，有多疑之性格，且渡且聽，卻因愛惜其美麗之尾，高舉尾部在將近岸時，終因乏力，尾部墜下，未能成功。

初六——爻辭：濡其尾，吝。

　　　初六陰柔是初入社會者，自持聰明，不自量力，如小狐冒險渡川，濡濕其尾，受嘲笑。

九二——爻辭：曳其輪，貞吉。

　　　九二陽剛居陰位，不自持剛健躁進，像拖著載重的車，穩步前進，自然吉祥。

六三——爻辭：未濟，征凶，利涉大川。

　　　六三陰柔居陽位，是坎險之極位，切忌冒險急進，要像涉渡河川一樣，步步謹慎，可達光明。

九四——爻辭：貞吉，悔亡，震用伐鬼方，三年有賞于大國。

　　　九四陽剛居陰位，本多悔恨之事，但因處在六三涉大川之後，反使悔恨事消失，如同商殷荊北三年出征後，盡忠之將士個個得賞，邊患平定，悔恨之事已無。

六五——爻辭：貞吉无悔，君子之光，有孚吉。

　　　六五陰柔居離明主位，虛心謙卑，加上九二地方幹部，

陽剛持重，九四英勇軸宰得吉祥。

上九——爻辭：有孚于飲酒，无咎，濡其首，有孚失是。

　　上九陽剛，在事業有了豐富發展時，卻因性燥情急，求成心切，而縱情大飲，因醉酒使湯藥濡濕頭髮，有失儀態，有失節制，也是未能脫出未濟之範疇。

　　未濟是表示一切事情的發展，到了某一階段，尚有另一新階段，需要繼續努力，永無休止。

第三篇　實用篇

易經應用有五術：①命，②相，③卜，④醫，⑤山。

命相常連在一起，是江湖上常見的。卜就是卜卦，在廟裏，有人遇到疑難，都會去求神卜卦。醫就是中醫，用探脈及草藥為人醫病，中醫之經脈，現在逐漸為西方採用。山是入山修煉，中國之火藥就是煉丹人所發明。

本篇將生活之疑難分七大類，在六十四卦之每一卦後，列出，可由祈求人占卜後，自行查對，極為方便。

占卜法：首先取三個金錢，定其陰陽面，放兩掌中，默禱所求事項，連續擲六次。將每次擲出的卦記下來，叫做爻。由下往上排列，成初，二，三，四，五，上爻。組成六十四卦。每一卦只求一事，再卜則不靈。

初二三為下卦，四五上為上卦，上下卦相同者叫純卦，定作八宮。每宮有八卦，第一卦是純卦，也是六沖卦。將初爻改變（由陰變陽，或陽變陰。）就是一世卦。再將二爻改，就是二世卦。再將三爻改變，就是三世卦。再將四爻改變，就是四世卦，再將五爻改變，就是五世卦，不往上變，而回頭將四爻改變，就是遊魂卦，最後將下三爻，一齊改變，就是返魂卦。

八宮是①乾宮，②兌宮，③離宮，④震宮，⑤巽宮，⑥坎

宮，⑦艮宮，⑧坤宮。茲分述如后：

第一章　乾　宮（屬金）

乾宮八卦：①乾為天，②天風姤，③天山遯，④天地否，⑤風地觀，⑥山地剝，⑦火地晉，⑧火天大有。

```
乾天
世━戌父
  ━申兄
  ━午官
應━辰父
  ━寅財
  ━子兒
```

第一節　乾為天（六沖）

乾為天是主宰，具領導力，萬事如意，旺盛，名利雙收，有地位，是純陽過剛，易得意忘形，驕傲，又是六沖卦，易招致失敗，應謹慎其身。

1. 家庭婚姻，戀愛：以妻財為用神。長壽，幸運，興隆，易得美妻，卻易流於奢侈。女性得此卦，易女奪男權，過於陽剛，自身辛苦操勞，或遲遲未能成功。

2. 財運，買賣，亦以妻財為用神，男性得此卦，資金過於易得，買賣可獲利，但不宜做得太大，不宜改行保持現狀為宜，新開張得天時。

3. 子女：以兒孫為用神，兒孫健康，男多於女，孕生男。

4. 求職，求官與訴訟：以官鬼為用神，有貴人提拔，訴訟易勝，但不可強橫奪理，後來堪慮。

5. 考試：以父母為用神，世持父，成績優異。但不可懈怠。

6. 等人，來者友善，多歡笑。尋

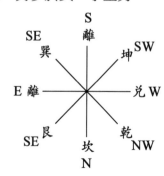

人向西北方，有遠走高飛跡象，尋物亦西北，費時

7. 旅行，出外大吉。

第二節　天風姤

```
天風姤
━━戌父
━━申兄
應━━午官
━━酉兄
━━亥兒
世━ ━丑父
```

　　天風姤，由純陽之初爻開始變陰，表示衰運的開始，有意外的災難，部下奸詐邪惡，陷害，有女禍。原本身體強健，變成有病魔纏身，要小心保養。

1. 家庭開始走衰運，戀愛婚姻皆多阻礙，不易成功。

2. 財運買賣，易發生意外，商情會突然下跌。改行喬遷皆凶。

3. 子女之教育要特別用心，會增加許多麻煩，孕生女。

4. 求職求官，多數不成功，訴訟不利。應多忍耐。

5. 考試不佳。

6. 等人，女來，男途中多阻，尋人費時，但平安。會自動歸來，有色情之牽連，失物西北方找到。

7. 旅行西，西北吉。

第三節　天山遯

```
天山遯
━━戌父
應━━申兄
━━午官
━━申兄
世━ ━午官
━ ━辰父
```

　　天山遯有迷遁，退避，歸隱現象，萬事宜謹慎。（家庭不振，有小人陷害，晚輩受牽連受災。）

1. 家庭不振，雙親易死別，婚姻談不攏，情愛不成。

2. 財運不佳，宜暫停，物價易暴跌。開張喬遷皆不宜。

3. 子女運不佳，子女身體虛弱，不孝。孕會小產。

4. 考試成績不佳。

5. 等待的人不來，尋人已遠走高飛，係自暴自棄出走。失物找不回。

天地否
應 ▬ 戌父
▬ 申兄
▬ 午官
世 ▬▬ 卯財
▬▬ 巳官
▬▬ 未父

第四節　天地否

天地否，運氣不佳，萬事不如意，辛勞窮困，常會錯意，糾紛多，小人加害。多別離之苦，願望難達成，但否極泰會來，要耐心等待。

1. 家人不利，窮苦衰敗，婚事不和，多別離，體弱短命之象，戀愛被拒。

2. 雖世持財，但在否卦中，財運多損失，商場價偏低。欠資金。不宜開張喬遷。

3. 子女運不佳，子女少。或父子不和，孕多生女。

4. 求官求職，希望不多。爭訟失敗。

5. 考試成績不佳。

6. 等待的人不來。尋人因感情不合而出走，有危險。

7. 旅行障礙多，最好取消行程。

風地觀
▬ 卯財
▬ 巳官
世 ▬▬ 未父
▬▬ 卯財
▬▬ 巳官
應 ▬▬ 未父

第五節　風地觀

風地觀，在面臨危險之前，要觀摩等待為宜。事情表面有希望，成功不易。須依賴長輩提拔，才得上進。

1. 家庭運由盛轉衰之期，多辛勞困苦，健康有障礙，宜多保養。婚事有波拆。

2. 財運要耐心等待。商品價多起伏不定。開張喬遷皆不宜。

3. 兒女之教育要努力，日後有成就，胎出女多。

4. 求官求職不易，只有耐心等待。爭訟不宜。

5. 雖世持父，在觀卦中，考試成績并不佳。

6. 等人多失望，尋人不知下落，失物已入他人手。

7. 旅行障礙多，最好取消。

第六節　山地剝

```
山地剝
━━寅財
世━ ━子兄
 ━ ━戌父
 ━ ━卯財
應━ ━巳官
 ━ ━未父
```

　　山地剝是潦倒衰敗的現象，會捲入桃色糾紛，被惡人陷害部屬牽連，沒有成功的希望。

1. 家庭沒落，親屬無情，戀愛以悲劇收場，婚姻多生離死別。病多短命，頭，腹膜炎，性病。

2. 財運多失敗，會遇到大跌價。開張喬遷凶。

3. 子女病弱短命，家中不和，孕生女。

4. 求職求官無望。爭訟慘敗。

5. 考試名落孫山。

6. 等人不來，尋人向東北或西南山區或水邊找。

7. 旅行多災難，應取消。

第七節　火地晉

```
火地晉
━━巳官
 ━ ━未父
世━━酉兄
 ━ ━卯財
 ━ ━巳官
應━ ━未父
```

　　火地晉，進取有進展的大好運，有長輩貴人提拔。事業繁榮，聲望提高。有時，也只是虛有其表。

1. 家庭富有，興隆、幸福，養尊處優，會因傲慢招致不幸。戀愛成功，婚姻大吉。有長輩相助。

2. 世持兄，大財會被劫。開張喬遷可。

3. 子女聰明溫順，孝順，孕生女。

4. 求職求官，有貴人提拔，遇糾紛易解決。

5. 考試成績好。

6. 等人有好消息，尋人雖遠去，卻知消息。

7. 旅行愉快。

火天大有
應━━巳官
　━━未父
　━━酉兄
世━━辰父
　━━寅財
　━━子兒

第八節　火天大有

　　火天大有是富裕，氣運昌隆，有良機，心想事成。但也有盛極必衰之可能。需謹慎之。

1. 生於富貴家庭，身體強健長壽。不可驕傲。防導致身敗名裂，戀愛成功，也不可太驕傲，婚姻會與上好家庭聯婚。

2. 財運好，資金足，可獲大利，但要防過於擴充會遭遇下坡。利開張喬遷。

3. 子女有大好前途，但不可放縱。

4. 求職求官有良好地位。爭訟易解決。

5. 考試成績好。

6. 等人會帶來好運。尋人有遠走高飛之象。要防色情，金錢糾紛，尋人向南及西北。

7. 旅行可。

第二章　兌　宮（屬金）

　　兌宮八卦：①兌為澤。②澤水困。③澤地萃。④澤山咸。⑤水山蹇。⑥地山謙。⑦雷山小過。⑧雷澤歸妹。

兌為澤

```
兌為澤
世▅▅未父
　▅酉兄
　▅亥兒
應▅▅丑父
　▅卯財
　▅巳官
```

第一節　兌為澤

　　兌為澤是喜悅，但要防口舌及女禍。與人相處和睦。六沖絕命卦是謀事不吉。

1. 家庭幸福，不可失去節度分寸。引來破運。身體一般健康，不可忽視保養。戀愛成功，但防各走極端。婚姻本是美滿。也要防各走極端失去節度。
2. 財運開始定獲利，進行至七八成，防遭遇挫折。開張喬遷皆吉。
3. 子女情深，但不可太溺愛，孕生女。
4. 求職求官要努力，必可求得。爭訟宜和解。
5. 考試，世持父，有利於文書及考試。
6. 等人會帶來善意，所尋之人與色情有關，但無下落。失物往西尋。
7. 旅行可去。

```
澤水困
　▅▅未父
　▅酉兄
應▅亥兒
　▅▅午官
　▅辰父
世▅▅寅財
```

第二節　澤水困

　　澤水困是窮困，無所發展，要堅忍，待時來運轉，以今日之艱困為將來幸福之基石。

1. 家運窮困，以刻苦勤奮去開拓。戀愛以失敗收場。婚姻不成功。病情嚴重拖延。
2. 困是六合卦，又世持財。在困卦中卻財運不佳。商品價格低落。開張喬遷不宜。

3. 子女無或勞苦。孕生女。

4. 求官求職無望。爭訟拖長且傷腦筋。

5. 考試成積差。

6. 等人不來，尋人下落不明，失物找不著。

7. 旅行阻礙多。

澤地萃
- -未父
應 -酉兄
- 亥兒
- -卯財
世 -巳官
- -未父

第三節　澤地萃

　　澤地萃是人和物眾，重逢之象，可獲成功，有祖兄庇蔭，農作物豐收。

1. 家庭和協，戀愛成功，婚事吉祥。身體防胸腹病。

2. 財運佳，買賣獲利，開張喬遷均可。

3. 子女眾多，能相親相愛，孕生女。

4. 求官求職可喜可賀，世持官易得。

5. 考試成績好。

6. 等人有好事帶來，尋人不久自回，失物西方可得。

7. 旅行獲益。

澤山咸
應 - -未父
- 酉兄
- 亥兒
世 -申兄
- -午官
- -辰父

第四節　澤山咸

　　澤山咸有相互之感應，相互溝通，本是吉祥，但因偏私，衝動，造成意亂情迷而破運，或色情糾紛引起災害，或誤交損友而入歧途。

1. 家庭融合幸福，戀愛成功婚姻良好，有健康需保養。

2. 財運，經商一般有利，但世持兄，財有被分之可能，開張喬遷可。

3. 子女與父母間感情好，避免過份溺愛。

4. 求官求職順利，爭訟只宜和解。

5. 考試成績好。

6. 等人獲歡笑，尋人有色情問題。失物在東北或西北，混雜在他物中。

7. 旅行出外吉利。

水山蹇
```
－－子兒
──戌父
世－申兄
──申兄
－－午官
應－－辰父
```

第五節　水山蹇

　　水山蹇有四面楚歌之象，進退維谷。要容忍，要等待五個月或五年。其間要防他人傷害，及心腹叛離。

1. 家庭窮困，貧乏，骨肉無情，戀愛失敗，婚事多阻礙，體力不佳，多病短命。

2. 財運壞極，世持兄財被劫，停止商業活動，開張喬遷均凶。

3. 子女情薄，胎多男，有難產之虞。

4. 考試遇難題。

5. 等人不來，尋人多因窮困而離家出走。失物在北或東北可找到。

6. 旅行遇凶象。

地山謙
```
－－酉兄
世－－亥兄
－－丑父
──申兄
應－－午官
－－辰父
```

第六節　地山謙

　　地山謙，是謙和客人，運氣祥和，如意。若我行我素，即敗。

1. 家庭和好，圓滿有發展，戀愛成功，可喜。婚姻幸福，保養好，得長壽，病易愈。

2. 財運，財爻不現，世持兒爻，有財源，利不多。開張喬遷可。

3. 子女溫順，孝順，孕得男。

4. 求官求職可得，爭訟宜和解。

5. 考試良好。

6. 等人會來，尋人自動回，失物東北或西南物件下。

7. 旅行平安。

雷山小過
▅▅戌父
▅▅申兄
世▅▅午官
▅▅申兄
▅▅午官
應▅▅辰父

第七節　雷山小過

雷山小過，易生齟齬，有逾越之嫌，不能求急進，而招致失敗，不可有大的期望。

1. 家庭衰，不和，有離鄉外出之可能，戀愛不能持續，婚事不和會別離。遊魂卦，生病難醫。

2. 財運，易生錯誤，財爻不現，不宜求財，開張喬遷凶。

3. 子女不和，多勞苦，孕生女。

4. 世持官，但小過卦中，求職求官無望。

5. 考試不及格。

6. 等人不來，尋人下落不明，失物不易找回。

7. 旅行出外有災難。

雷澤歸妹
應 ▬▬ 戌父
　 ▬▬ 申兄
　 ▬▬ 午官
世 ▬▬ 丑父
　 ▬▬ 卯財
　 ▬▬ 巳官

第八節　雷澤歸妹

　　雷澤歸妹，有沉醉於情慾。違反常理情勢，暫時尚好，不久禍害災亂必至。

1. 家庭易失和，漸衰退，戀愛以悲劇收場，婚事是凶緣。有疏忽健康情形。
2. 財運衰不好，實則失敗，開張喬遷凶。
3. 子女多品行不端，女兒更甚。
4. 求職得不到結果。爭訟必定失敗。
5. 考試差，但世持父，歸妹卦中不得力。
6. 等人不來，尋人是離家出走現象，失物找不回。
7. 旅行遇災難。

第三章　離　宮（火）

　　離宮八卦。①離為火。②火山旅。③火風鼎。④火水未濟。⑤山水蒙。⑥風水渙。⑦天水訟。⑧天火同人。

離為火
世 ▬▬ 巳兄
　 ▬▬ 未兄
　 ▬▬ 酉財
應 ▬▬ 亥官
　 ▬▬ 丑兄
　 ▬▬ 卯父

第一節　離為火（六沖卦，謀事不成。）

　　離為火，與人合作即成功，性急則敗，不可意氣用事，要高瞻遠矚。

1. 家庭富有幸福，不可驕傲，婚姻良好，可健康長壽。
2. 財運，不可圖非法之利，世持兄，防劫財，開張喬遷可。

3. 子女多而幸福，孕生女。

4. 求職求官依靠長上幫助可得，爭訟意氣用事必敗。

5. 考試需沉著應戰，方得好成績。

6. 等人會來，尋人是被拐走，失物向南尋必得。

7. 旅行要小心。

第二節　火山旅

火山旅
—— 巳兄
▬▬ 未兒
應—— 酉財
—— 申財
▬▬ 午兄
世▬▬ 辰兒

火山旅有居所不安定之現象，事事易變。

1. 家庭內骨肉無情不安定，孤獨不幸，戀愛對方意志不堅定而失敗，婚事不穩，病弱短命。

2. 財運障礙多，開張喬遷均凶。

3. 子女無情孤獨不幸，孕生女。

4. 求職求官，白費心思，爭訟拖長時間。

5. 考試成績不佳。

6. 等人不來成份多，尋人不易，失物找不回。

7. 旅行多障礙，辛苦。

第三節　火風鼎

火風鼎
—— 巳兄
應▬▬ 未兒
—— 酉財
—— 酉財
世—— 亥官
▬▬ 丑兒

火風鼎，革鼎，鼎盛亨通，吉祥，取得事物穩定，受上司提拔名利豐收。

1. 家庭富裕，會更繁榮，情愛成功，婚事幸福良緣，長壽，病易痊癒。

2. 財運好，商場有利，市價高，開張喬遷均可。

3. 子女成大功，立大業，孕生女。

4. 求職求官順利，爭訟獲勝。

5. 考試績優。

6. 等人一定來，尋人自動回，失物在南或東南尋獲。

7. 旅行大吉。

火水未濟
應 ▬ 巳兄
　 ▬▬ 未兄
　 ▬ 酉財
世 ▬▬ 午兄
　 ▬ 辰兄
　 ▬▬ 寅父

第四節　火水未濟

　　火水未濟是暫時不好，只要沉著應戰，可獲成功，輕率處事，必將失敗。

1. 家庭暫陷於艱苦困難，等待開運，走向幸福，情愛要耐心等待，婚事有障礙，終得良緣，幼年虛弱，中年轉強。

2. 財運暫不佳，商情暫差，世持兄劫財，開張喬遷緩。

3. 子女眾多，牽累大，孕生男。

4. 求官求職不易，爭訟拖延無功。

5. 考試差。

6. 等人姍姍來遲，尋人需時在北或南方，失物亦同。

7. 旅行阻礙多被拖延。

山水蒙
　 ▬ 寅父
　 ▬▬ 子官
世 ▬▬ 戌兄
　 ▬▬ 午兄
　 ▬ 辰兄
應 ▬▬ 寅父

第五節　山水蒙

　　山水蒙是處蒙昧狀，事多澀滯，缺乏判斷力，疑心多，處置常有不當處。

1. 家庭問題多，很辛苦，要努力才可變運。身體多病，情愛

不善表達，婚姻成功率低。

2. 財運因世持兄劫財，資金難籌，商情不穩，市價多變。開張喬遷不得時。

3. 子女眾多，牽累大，孕生男。

4. 求官求職難，爭訟拖延。

5. 考試不良。

6. 等人遲遲來，尋人費時可往北或東北尋，失物相同。

7. 旅行多阻礙。

第六節　風水渙

風水渙
```
━━卯父
世━巳兄
━ ━未兄
━ ━午兄
應━辰兄
━ ━寅父
```

　　風水渙，流散，渙散之現象，也有散解困苦之喜悅象。因為任意放縱，易招致失敗，要確定方針，始終不移。

1. 家庭，初時勞苦，漸轉好。感情有阻礙，但終得好果。婚姻阻礙消解後，成功良好。幼年體弱，中年轉強。

2. 財運不佳，兄持世不利財，商價會暴跌，開張喬遷尚可。

3. 子女教育費盡苦心，終有結果，孕生女。

4. 求官求職如意，訴訟可和解。

5. 考試成績好。

6. 等人早到或不來，尋人無下落，失物尋不回。

7. 旅行出外要小心，乘船反得人相助。也宜從事船運工作。

第七節　天水訟（遊魂卦病難醫）

天水訟
```
━━戌兄
━━申財
世━午兄
━ ━午兄
━ ━辰兄
應━ ━寅父
```

　　天水訟，多齟齬障礙，不如意事，易估計錯誤，中人奸計，招來禍害。

1. 家庭不和，多怨言，情愛遇對方無誠意，婚事不成，身體多腦，肺，腎臟血液疾病，防加劇。
2. 財運，世持兄，不利求財，商業易受損，市場價起伏，開張喬遷不宜。
3. 子女多歧見，勞碌，孕生男。
4. 求官求職不成，爭訟不利，宜和解。
5. 考試有不確定險惡狀。
6. 等人不來，尋人不易，因爭執而出走，有生命危險，失物找不回。
7. 旅行中途多障礙。

天火同人
應 ▅▅ 戌兄
　 ▅▅ 申財
　 ▅▅ 午兄
世 ▅▅ 亥官
　 ▅ ▅ 丑兄
　 ▅▅ 卯父

第八節　天火同人

　　天火同人，有吉祥如意之好運最宜與人合作，共同經營，成家立業好時機，切忌偏私不公正。

1. 家庭融洽興隆，情感好，婚事有良緣，長壽。
2. 財運好，宜合夥，市場價好，開張喬遷均吉。
3. 子女眾多，融合，孕生男。
4. 求官求職世持官易得，爭訟不利。
5. 考試成績好。
6. 等人有吉訊，尋人有訊息，失物在西北或南方找回。
7. 旅行平安快樂。

第四章 震 宮（木）

震宮八卦：①震為雷。②雷地豫。③雷水解。④雷風恆。⑤地風升。⑥水風井。⑦澤風大過。⑧澤雷隨。

雷震
世 ▬▬ 戌財
▬▬ 申官
▬▬▬ 午兒
應 ▬▬ 辰財
▬▬ 寅兄
▬▬▬ 子父

第一節 震為雷（六沖謀事不易）

震為雷是多難之秋。也是扭轉惡運之時機，勇敢果決，發揚光大。或因自尊心過強，或短見衝動，而招致失敗。

1. 家庭有波瀾，勞苦。情愛亦多波瀾。婚姻開始時不穩定。終成美眷。身體一般是健康，或有神經，腦或心臟病。
2. 財運，世持財易得，從商有利，市價好，開張喬遷均可。
3. 子女皆成功，但倔強，孕生男。
4. 求官求職，雖有困難，終能成功。爭訟要強硬對待。
5. 考試雖擔心，卻良好。
6. 等人意外早到，尋人易有危險，方向在東，失物找不回。
7. 旅行中途有變化，終吉。

雷地豫
▬▬ 戌財
▬▬ 申官
應 ▬▬▬ 午兒
▬▬ 卯兄
▬▬ 巳兒
世 ▬▬ 未財

第二節 雷地豫（六合吉利）

雷地豫是欣欣向榮，喜氣洋洋之象，卻易流連酒色。平日謹慎。保存好文件，證據防小偷及發生訴訟。

1. 家庭生來富有，易成游手好閒，自招破敗，情愛成功，婚姻是良緣，身體強健長壽。

2. 財運，世持財易得，從商得利多，價高漲，開張喬遷均可。

3. 子女能相親相愛，孕生男。

4. 求官求職有上司提拔，爭訟凶。

5. 等人會來，尋人是自暴自棄出走，失物被偷，不必找。

6. 考試良好。

7. 旅行雖去，卻要小心失物。

雷水解

```
    ■■戌財
應 ■■申官
    ━━午兒
    ■■午兒
世 ━━辰財
    ■■寅兄
```

第三節　雷水解

雷水解，舒解，復蘇，開始進入順利大道。把握良機，沉著應戰，西南有利，莫躊躇。

1. 家庭，到了成功時期，情愛成功，婚姻良緣，中年健康病易治，但幼年時體弱。

2. 財運，世持財易得，從商有利，市場價小跌復升，開張喬遷要迅速。

3. 子女早期歷經輔養艱苦，後來幸福，孕生男。

4. 求官求職有意外收獲，爭訟順利解決。

5. 考試佳。

6. 等人來，具善意，尋人很快知下落，失物東方找回。

7. 旅行可去。

雷風恆

```
應 ■■戌財
    ■■申官
    ━━午兒
世 ━━酉官
    ━━亥父
    ■■丑財
```

第四節　雷風恆

雷風恆，保持恆久常態。毋作新嘗試，可保安康繁榮。

1. 家庭，永久幸福，情愛持久，婚姻良好，健康長壽。

2. 財運一般，從商順利，但不可做沒有經驗之事，市場一般景氣。開張喬遷均不可。

3. 子女與父母間融洽，得安泰，孕生女。

4. 求官求職，世持官易得，爭訟凶。

5. 考試成績一般。

6. 等人會來，尋人平安歸來，失物在家內找到。

7. 旅行尚吉。

地風升
　■ ■ 酉官
　■ ■ 亥父
世 ■ ■ 丑財
　■ 酉官
　■ 亥父
應 ■ ■ 丑財

第五節　地風升

地風升是穩定發展，達成願望，名利雙收，若妄動，操之過急，必敗。

1. 家庭逐漸發展，得幸福，情愛成功婚姻良好，一般時期，身體健康，但生病，治療費時。

2. 財運一般，從商在穩定中獲利，市場價逐漸上漲，開張喬遷均可。

3. 子女均成功，孕生女。

4. 求官求職可得，爭訟可獲勝。

5. 考試成績好。

6. 等人來遲，尋人費時，可知下落，失物向東南，西南找，較費時。

7. 旅行吉。

水風井
```
▬ ▬　子父
世▬▬▬　戌財
　▬ ▬　申官
　▬▬▬　酉官
應▬▬▬　亥父
　▬ ▬　丑財
```

第六節　水風井

水風井，因人成事，平靜，不可積極。

1. 家庭平和安靜，情愛聽其自然，婚姻平安良好，身體健康，略有泌尿病。
2. 財運一般利，世持財，經商慢慢獲利，市場平順。開張喬遷不宜。
3. 子女柔順，孕生男。
4. 求官求職，長上介紹可得，爭訟宜和解。
5. 考試平平。
6. 等人暫不會回，尋人費時，失物仍在家內東南方。
7. 旅行暫不宜。

澤風大遇
```
　▬ ▬　未父
　▬▬▬　酉官
世▬▬▬　亥父
　▬▬▬　酉官
　▬▬▬　亥父
應▬ ▬　丑財
```

第七節　澤風大過（遊魂卦病難醫）

澤風大過，負担過多，力不從心，不平衡，不合時宜，易有挫折，易墮落，易遇水災。

1. 家庭趨向沒落，快縮小開支。情愛不成功，婚事不相稱，身體莫過多運動，病難醫。
2. 財運世持兄劫財，從商力有所不及，時機不對，開張喬遷宜加考慮。
3. 子女眾多，養育困難，孕生男。
4. 求官求職困難，爭訟不宜。

5. 考試遇難題。

6. 等人已遠去，失物小件可找回，大的找不回。

7. 旅行不宜。

澤雷隨
應 ▬▬ 未財
▬ 酉官
▬ 亥父
世 ▬▬ 辰財
▬▬ 寅兄
▬ 子父

第八節　澤雷隨

　　澤雷隨，追隨他人，尊重他人意見，可名利雙收，摒棄邪惡，就正義，成全大事業。

1. 家庭，生於富有家庭，男可能是養子，女則獨掌家計。愛情成功，但別耽於情慾，婚姻要謹遵夫婦之道。長壽，但生活不可放鬆。患病時間長，可痊癒。

2. 財運，世持財易得，從商順利，但莫從事非法經營。市場會由高往下跌。開張喬遷要詳策劃。

3. 子女與父母感情融洽，孕生女。

4. 求官求職，有長上提拔，爭訟凶。

5. 考試良好。

6. 等人姍姍來遲，尋人，久可水落石出，失物在西南或東方找回。

7. 旅行有伴較佳。

第五章　巽宮（木）

　　巽宮八卦：①巽為風，②風天小畜，③風火家人，④風雷益，⑤天雷無妄，⑥火雷噬嗑，⑦山雷頤，⑧山風蠱。

巽風
世—卯兄
—巳兒
— —未財
應—酉官
—亥父
— —丑財

第一節　巽為風（六冲謀事難成）

巽風，流動不定形，流離多波瀾，要保持穩定，才能成功，不能性急，需沉著。

1. 家庭多波瀾，情愛不可盲目。婚姻雖有波瀾，終得良緣。健康時有障礙，要多多保養。

2. 財運，世持兄財多波瀾，從商有起伏，市場多變，開張喬遷要小心，莫匆忙決定。

3. 子女教養不易，卻多孝順，孕生女。

4. 求官求職，費時且不理想，爭訟拖延時日。

5. 考試僅中等成績。

6. 等人來遲，尋人東南方盡力找，失物迅速尋。

7. 旅行會耽誤時間。

風天小畜
—卯兄
—巳兒
應— —未財
—辰財
—寅兄
世—子父

第二節　風天小畜

風天小畜，是養精蓄銳時期，時運多澀滯，多障礙，事多不如意，宜忍耐等待。

1. 家庭不和，不振，中年後才轉佳，情愛不成功，婚姻是凶緣，體弱短命，病情拖延。

2. 財運在他人，從商多阻礙，市場不穩定，開張喬遷不如意。

3. 子女牽掛多，孕生女。

4. 求官求職無望，爭訟困難多。

5. 考試差。

6. 等人不來，尋人找不到，失物不易找。

7. 旅行多阻礙。

第三節　風火家人

```
風火家人
　━ 卯兄
應 ━ 巳兒
　━━ 未財
　━ 亥父
世 ━━ 丑財
　━ 卯兄
```

風火家人，琴瑟和諧，長幼有序，安泰吉祥，自守崗位，避免衝突。

1. 家庭平和，興旺幸福，情愛成功，婚事良緣，健康長壽，僅腹部小恙。

2. 財運，世持財易得，從商有利，市價有下跌之勢，開張喬遷不宜。

3. 子女眾多，溫順至孝，孕生女。

4. 求官求職一般順利，爭訟凶。

5. 等人，不必掛念，很快回來，尋人有消息，失物在室內東南方。

6. 考試良好。

7. 旅行平安。

第四節　風雷益

```
風雷益
應 ━ 卯兄
　━ 巳兒
　━━ 未財
世 ━ 辰財
　━━ 寅兄
　━ 子父
```

風雷益，成大事業之時機，宜固本培元，順應環境，通行邁進，不可猶疑，或得意忘形。

1. 家庭富貴繁榮，情愛互相體貼，婚姻大吉緣，身體健康，防胃病，性病及喉病。

2. 財運，世持財易得，從商獲大利，市場看漲，開張喬遷吉。

3. 子女乖順，孕生女。

4. 求官求職，意外得好職位，爭訟獲勝。

5. 考試獲優等。

6. 等人有吉報，尋人自動回，失物在東南方找到。

7. 旅行有吉利。

天雷无妄
━戌財
━申官
世━午兒
▬▬辰財
▬▬寅兄
應━子父

第五節　天雷无妄（六沖謀事小心）

　　天雷无妄，不虛偽，真誠以赴，可成功、有意外遭遇之象，且退守則吉，急進則凶。

1. 家庭幸福，一帆風順，情愛能真誠相待，婚姻成功。身體健康，若疏忽保養，會有意外。

2. 財運，兒持世為財源，從商以誠實可獲利，市價漲。開張喬遷順其自然。

3. 子女不可溺愛，則吉祥幸福，孕生男。

4. 求官求職，誠心必得，爭訟有理則勝。

5. 考試真用功，成績佳。

6. 等人會來，尋人往東或西北速尋，失物不易找。

7. 旅行以私利，私慾，外出有災。

火雷噬嗑
━巳兒
世▬▬未財
━酉官
▬▬辰財
應▬▬寅兄
━子父

第六節　火雷噬嗑

　　火雷噬嗑，有阻礙，要親自努力，才可克服，易與人發生爭執，也會蒙受讒言中傷。

1. 家庭不和，辛勞困苦。情愛有中間阻礙，婚姻初時多阻礙，要親自處理才成功。身體毛病多。

2. 財運，世持財易得，但從商阻礙多，市場看漲，改行，喬遷阻礙多。

3. 子女反抗父母，爭吵不休，孕生女，若孕男則難產。

4. 考試遇難題。

5. 等人不來，不必等。尋人因爭執出走，有生命危險，失物在東或南速尋。

6. 求官求職困難多，爭訟要強硬對待。

7. 旅行易發生事故。

第七節　山雷頤

```
山雷頤
━━　寅兄
━ ━　子父
世━ ━　戌財
━ ━　辰財
━ ━　寅兄
應━━　子父
```

　　山雷頤，頤養得安泰，若言行不慎，則招災禍，易被部屬牽累，與小人爭執，多不利。

1. 家庭易有身破名裂之虞或傾家蕩產。情愛誤將對方高估。宜冷靜再詳估。婚姻需考慮，以防不實。健康要避免暴飲暴食。此遊魂卦是有病難醫。

2. 財運，世持財，可以從商卻要小心。市價平穩中看漲。開張喬遷不宜。

3. 子女過份溺愛，反害之。孕生男。

4. 求官求職需等待時機，爭訟不利。

5. 考試需加強用功。

6. 等人不來，尋人已遠去，失物在屋內東或東北方。

7. 旅行需慎加計劃。

山風蠱
應**━━**寅兄
━ ━子父
━ ━戌財
世**━━**酉官
━━亥父
━ ━丑財

第八節　山風蠱

　　山風蠱，易萬事停滯，時運惡劣，要力圖革新，有內憂，有桃色糾紛。

1. 家庭紊亂，苦惱多，情愛復雜，婚姻是孽緣，身體保養不得法，病弱之軀，歸魂卦，罹病不易醫。
2. 財運不佳，從商行業不對，市場平。要速改行，喬遷。
3. 子女品行不良，孕生男。
4. 求官求職，徒勞無功，爭訟拖延時日。
5. 考試差。
6. 等人不來，尋人因家庭不和而出走。有危險，失物在東或東南方找。
7. 旅行阻礙多。

第六章　坎　宮（水）

　　坎宮八卦：①坎為水，②水澤節，③水雷屯，④水火既濟，⑤澤火革，⑥雷火豐，⑦地火明夷，⑧地水師。

坎為水
世**━ ━**子兄
━━戌官
━ ━申父
應**━ ━**午財
━━辰官
━ ━寅兄

第一節　坎為水（水）

　　坎為水，六沖卦，艱難重重，陷阱多，家庭有糾紛，有盜難，病難，水難。意外災害不斷。等待為宜。

1. 家庭不和易分裂，情愛折磨多，婚姻難成。病弱短命，患

心臟，腹膜，腎臟病。

2. 財運，世持兄劫財，從商不順，市價跌，開張喬遷凶。

3. 子女養育勞苦，孕生男。

4. 求官求職暫無望，爭訟不利。

5. 考試名落孫山。

6. 等人不來，尋人因家庭不和出走，危險，失物找不回。

7. 旅行有災害。

水澤節
```
　　━ ━ 子兄
　　━━ 戌官
應　━ ━ 申父
　　━ ━ 丑官
　　━ ━ 卯兄
世　━━ 巳財
```

第二節　水澤節

水澤節，處世要節制，守分，防讒言中傷。

1. 家庭平安幸福，情愛要耐心等待。婚事要耐心則成功，健康長壽，有時病情會拖延。

2. 財運，雖世持財，卻不宜經商，理財要節制，只可守，開張遷移均不宜。

3. 子女多溫順，且有孝心，孕生男。

4. 求官求職要等待，爭訟不宜。

5. 考試大致良好。

6. 等人暫不來，尋人在藏匿中，自然會回來，失物在西或北方可尋得。

7. 旅行要等待。

水雷屯
```
ー ー 子兄
應 ー 戌官
ー ー 申父
ー ー 辰官
世 ー ー 寅兄
    ー 子兄
```

第三節 水雷屯

水雷屯，在初創時，多艱難苦惱，不可輕舉妄動，要堅忍奮鬥，遵照上司指示，追隨賢達可成功。

1. 家庭初期多飄搖，多波瀾，勞苦。情愛多障礙。婚姻好事多磨。年幼體弱，中年轉強，有耳、鼻及心臟病。
2. 財運不佳，從商不如意，商場不景氣，開張喬遷多障礙。
3. 子女多，甚勞苦，孕生男。
4. 求官求職較不易，爭訟必不利。
5. 考試差。
6. 等人很久才來，尋人不明去向，失物落他人手。
7. 旅行煩惱多，不去為妙。

水火既濟
```
應 ー ー 子兄
    ー 戌官
ー ー 申父
世 ー 亥兄
    ー ー 丑官
    ー 卯兄
```

第四節 水火既濟

水火既濟，功成名就之時，要避免驕傲，怠惰，防與親信不和。

1. 家庭富有，防以後衰敗，情愛一時成功，但不長久，婚姻初期和好，防以後解除婚約，早年健康，中年有障礙。
2. 財運，世持兄劫財，經商中途有障礙，市場由高峯下跌。開張喬遷，改行要多考慮。
3. 子女初和好，往後會離家出走，孕生男。
4. 求官求職，僅臨時職位，爭訟利在對方。
5. 考試目前好，防下次失敗。

6. 等人會中途折返，尋人回來後，再出走，失物找到後再失去。

7. 旅行防止浪費。

第五節　澤火革

```
澤火革
■■未官
■ 酉父
世■ 亥兄
　■ 亥兄
　■■丑官
應■ 卯兒
```

澤火革是改革變更之時機，必須有明智之決斷力，或是住所變更，迎來新氣象。

1. 家庭多事多難之秋，要從事興革，迎來成功。情愛要積極手段，婚事要另找新對象。身體多病衰弱，中年後可轉強健。

2. 財運，世持兄劫財，目前不便求財，要另謀他途。從商另取途徑，市場正起伏不定，開張喬遷要延遲。

3. 子女，世持兒，子女安順。

4. 求職求官無望，爭訟遇困難。

5. 考試大致良好。

6. 等人不來，尋人向西或南方找。失物亦同方向。

7. 旅行有阻礙，尚吉。

第六節　雷火豐

```
雷火豐
■■戌官
世■■申父
　■ 午財
　■ 亥兄
應■■丑官
　■ 卯兒
```

雷火豐，盛大豐滿有實力，切不可得意忘形，要力保盛況之持續，防受騙，火災。

1. 家庭富裕，情愛成功，婚事吉祥，身體健康，若病則不輕。

2. 財運，世持財易得，經商有大利，市場好，開張喬遷皆吉。

3. 子女眾多，幸福，要注意教養，孕生男。

4. 求官求職得好職位，爭訟得勝。

5. 考試成績優秀。

6. 等人有好消息，尋人會自動回來，失物在東北或南方找回。

7. 旅行小心一點即可。

地火明夷
- -酉父
- -亥兄
世- -丑官
- 亥兄
- -丑官
應- 卯兒

第七節　地火明夷

　　地火明夷是昏暗狀，遇事迷惑，要保持韜侮，多難，多是非，要謹言慎行。

1. 家庭衰微，勞苦艱難，情愛多障礙，婚事不成，遊魂卦，有病難醫，命短。

2. 子女牽連累贅，孕生女。

3. 財運不佳，從商不利，市價低，張開喬遷凶。

4. 求官求職暫無望，世持官多官非。

5. 考試差。

6. 等人不來，尋人不見，失物西南方可找回。

7. 旅行有災，不可去。

地水師
應- -酉父
- -亥兄
- -丑官
世- 午財
- 辰官
- -寅兒

第八節　地水師

　　地水師，變動起伏，多難之秋，業務居所多變，用毅力排除萬難，可有意外之功名利益。

1. 家庭不和，多波瀾，情愛牽連多，婚事毛病百出。歸魂卦有病不易醫，易患大病之象。

2. 財運世持財可得，從商努力可成功，市場起伏，開張喬遷不宜。

3. 子女多男，中年辛苦，晚年幸福，孕生女。

4. 求官求職無望，爭訟堅持果敢可勝。

5. 考試成績不太好。

6. 等人不來，尋人是離家出走，回家就平安，否則有危險，失物是被偷。

7. 旅行遇災。

第七章　艮宮（土）

艮宮八卦：①艮為山，②山火賁，③山天大畜，④山澤損，⑤火澤睽⑥天澤履，⑦風澤中孚，⑧風山漸。

艮山
世━寅官
━━子財
━━戌兄
應━申兄
━━午父
━━辰兄

第一節　艮為山

艮為山，阻礙重重，停滯不振，萬事不如意，不可嘗試新事物，宜退守，遇事拖延，多爭執，有色情陷阱，且依賴心過重。

1. 家庭不和，停滯多煩惱，情愛只是單相思。婚事不成，健康不佳，短命。

2. 財運，六沖卦所謀不成，從商毛病百出，市價雖高，卻談不成。

3. 子女孕生男，難產。

4. 求官求職不易，爭訟耗時費力。

5. 考試差。

6. 等人不來，尋人不見，失物不易找回。

7. 旅行難成行。

第二節　山火賁

```
山火賁
━━ 寅官
━ ━ 子財
應 ━ ━ 戌兄
━━ 亥財
━ ━ 丑兄
世 ━━ 卯官
```

山火賁，外柔麗內空虛，因忽略小處，而誤大事，抱負大，但力不從心，易招人誹謗，莫奢望。

1. 家庭，虛有其表，內實窮困。情愛易失望，婚姻宜先了解對方，身體虛弱，易有生命危險。

2. 財運普通，從商平平，市場不景，開張喬遷要謹慎。

3. 子女體弱多病，孕生女。

4. 求官求職，要降低要求方可得，爭訟不利。

5. 考試比平常畧佳。

6. 等人會來，尋人不久尋到，失物在南或東北。

7. 旅行可去短程地方。

第三節　山天大畜

```
山天大畜
━━ 寅官
應 ━ ━ 子財
━ ━ 戌兄
━━ 辰兄
世 ━━ 寅官
━━ 子財
```

山天大畜，經過艱困途徑，苦幹方成大業，要勇於向外發展。

1. 家庭初運難困不順，發奮圖強，終得幸福。可能繼承他家，或出外謀生，情愛遭到困難勢所難免，婚事中途多障礙，年幼時，體弱多病，且拖延時日。

2. 財運謀求需經歷艱苦才有，從商只有靠勤勞而獲得，市場平平，開張喬遷可。

3. 子女拖累多，後來成功幸福，孕生男。

4. 求官求職，世持官，謀求雖費時，可得好職位，爭訟耗時。

5. 考試優良。

6. 等人暫不會來，尋人甚久後歸來，失物在南或西北可找到。

7. 旅行畧有阻難終成行。

山澤損

```
應 ━━ 寅官
   ━ ━ 子財
   ━ ━ 戌兄
世 ━ ━ 丑兄
   ━ 卯官
   ━ 巳父
```

第四節　山澤損

　　山澤損，有衰微損失，不如意之時期，但毋放棄，努力後終予挽回，得吉利，更要有犧牲奉獻精神，求神保佑。

1. 家庭衰微，搖搖欲墜，努力可挽回。情愛因誠心而成功。婚事畧有阻撓終成良緣。身體弱，病勢嚴重，貧血，消化不良，多保養可痊癒。

2. 財運，世持兄，會遭損失，然可挽回，從商不如意，市場低會漲。開張喬遷毋勉強。

3. 子女雖牽累勞苦，卻誠實孝順，孕生女。

4. 求官求職暫時不利，終成功，莫爭訟。

5. 考試此次差，下次會好。

6. 等人來遲，尋人費時，失物不易找，在東北或西方。

7. 旅行途中要小心。

火澤睽
—巳父
▬▬未兄
世—酉兒
▬▬丑兄
—卯官
應—巳父

第五節 火澤睽

火澤睽，紛爭不已，諸事齟齬，切莫挺身急進，確守分寸，防與至交發生衝突。

1. 家庭不和，傾衰困苦，骨肉情薄，情愛不成，婚事不成，多病短命，防醫療診斷錯誤。
2. 財運不佳，從商失敗市場起落，開張喬遷凶。
3. 子女不和，骨肉無情，孕生女。
4. 求官求職無望，爭訟不利。
5. 等人不來，尋人係因口角出走，已遠去，失物入他人手。
6. 考試看錯題，會錯意。
7. 旅行多障礙。

天澤履
—戌兄
世—申兒
—午父
▬▬丑兄
—卯官
應—巳父

第六節 天澤履

天澤履，只能循序漸進，冒險推進則不利，退守反吉。

1. 家庭初期艱難，要忍耐，才得和順，中年吉。情愛不佳，多障礙，婚事難成，年幼體弱，有病則危。
2. 財運，兒持世，是財源，可等待有利時機，開張喬遷有障礙。
3. 子女初期勞苦，往後得幸福，孕生女。
4. 求官求職不易，要耐心等。爭訟不利。
5. 考試平平及格。

6. 等人來遲，尋人，其人有危險，失物在西或東北可找回。

7. 旅行多難，多考慮。

風澤中孚
　━━ 卯官
　━━ 巳父
世━━ 未兄
　━━ 丑兄
　━━ 卯官
應━━ 巳父

第七節　風澤中孚

風澤中孚，以誠信得他人信賴，可得好運，一切順利。

1. 家庭和樂平安，情愛誠懇達成，婚事順利，遊魂卦。有胃病，腹膜炎，腎臟，難醫。

2. 財運世持兄劫財，從商保持誠信，開張喬遷莫太勉強。

3. 子女孕生女。

4. 求官求職尚順利，爭訟絕對不利。

5. 考試良好。

6. 等人一定來，尋人不久自動回，失物有人送回。

7. 旅行平平。

風山漸
應━━ 卯官
　━━ 巳父
　━━ 未兄
世━━ 申兄
　━━ 午父
　━━ 辰兄

第八節　風山漸

風山漸，逐漸發展，前途光明，會積少成多，不可性急。

1. 家庭有發展，出外謀生有利，情愛成功，婚姻幸福，婦女得此卦，有喜慶，一般身體健康，防耳鼻病。

2. 財運世持兄，有財源，從商獲利，市場看漲。開張喬遷要謹慎。

3. 子女堅強溫順，孕生女。

4. 求官求職費時，終得好職位，爭訟不利。

5. 考試漸佳。

6. 等人遲來，尋人已遠去，失物往東南或東北尋找較費時。

7. 旅行會延遲。

第八章　坤宮（土）

坤宮八卦：①坤為地，②地雷復，③地澤臨，④地天泰，⑤雷天大壯，⑥澤天夬，⑦水天需，⑧水地比。

坤地
世 ▬▬ 酉兄
　▬▬ 亥財
　▬▬ 丑兄
應 ▬▬ 卯官
　▬▬ 巳父
　▬▬ 未兄

第一節　坤為地

坤為地，和順平靜保持現狀，妄動急進便是災難，按步就班方成功。

1. 家庭平安幸福，情愛不可意氣用事，婚姻成功，身體要注意保養，會有腹部等慢性病。

2. 財運，兒持世為財源，從商莫性急，要等待時機，商品買進等待時機賣出。開張喬遷要等。

3. 子女眾多和睦幸福，孕生女。

4. 求官求職要等待，爭訟不利。

5. 考試平平。

6. 等人過一段時間會來，尋人就在附近，會有挑色糾紛，失物在屋內西南方可找到。

7. 旅行暫緩。

地雷復
　▬ ▬ 酉兄
　▬ ▬ 亥財
應**▬ ▬ 丑兄**
　▬ ▬ 辰兄
　▬ ▬ 寅官
世**▬▬ 子財**

第二節　地雷復

　　地雷復，機運復來，但要腳踏實地按步就班，慢慢推進，不可期望過高。

1. 家庭，曙光漸現，情愛需持之以恆，婚事為良緣，少年時體弱，漸漸健康，腸胃神經等病。
2. 財運，世持財易得，從商有利，市場漲，開張喬遷吉。
3. 子女眾多，男多女少，初期辛苦，男有成，孕生男。
4. 求官求職無問題，爭訟得有利解決。
5. 考試進步。
6. 等人遲來，尋人週內回，失物東或西南找到。
7. 旅行吉。

地澤臨
　▬ ▬ 酉兄
應**▬ ▬ 亥財**
　▬ ▬ 丑兄
　▬ ▬ 丑兄
世**▬▬ 卯官**
　▬▬ 巳父

第三節　地澤臨

　　地澤臨，要能臨機應變，趕上流行，待人溫和，則萬事如意，運氣亨通。

1. 家庭，常有幸福，情愛可喜，婚姻良緣，健康長壽，有腸胃，性病，泌尿病。
2. 財運不錯，從商順利，市場看漲，開張喬遷可。
3. 子女溫順至孝，前程好，孕生女。
4. 求官求職，欣然而得，爭訟宜和解。
5. 考試成績好。
6. 等人帶來歡笑，尋人自動回來，失物西方找到。

7. 旅行平安。

地天泰
應▬▬酉兄
　▬▬亥財
　▬▬丑兄
世▬▬辰兄
　▬▬寅官
　▬▬子財

第四節　地天泰

地天泰，吉祥安泰，萬事如意，前途發展。

1. 家庭興旺，情愛良好，婚事順，健康長壽，注意腸胃。
2. 財運世持兄雖劫財，有官護，可從商，市場好，防下跌，
   開張喬遷可。
3. 子女幸福，孕生女。
4. 求官求職，順利可喜，爭訟凶。
5. 考試成績好。
6. 等人有好消息，尋人係色情，因事出走，失物找回。
7. 旅行平安。

雷天大壯
　▬▬戌兄
　▬▬申兄
世▬▬午父
　▬▬辰兄
　▬▬寅官
應▬▬子財

第五節　雷天大壯

雷天大壯，氣勢壯，易盛氣凌人，衝動招致失
敗，六冲卦要謹慎，虛心待人。

1. 家庭本來富有幸福，易傲慢招致不和而傾家蕩產，情愛要
   多禮讓。體強，防急性肺炎，腦病。
2. 運中有財，有大利，但要小心，開張喬遷可策劃。
3. 子女倔強不和，孕生男。
4. 求官求職無問題，爭訟多不利。
5. 考試成績好。

6. 等人不久到，尋人已遠去，失物找不回。

7. 旅行有無謂之災。

澤天夬
```
  ▬ ▬ 未兄
世 ▬▬ 酉兒
  ▬▬ 亥財
  ▬▬ 辰兄
應 ▬▬ 寅官
  ▬▬ 子財
```

第六節　澤天夬

　　澤天夬，潰決孤立，危險逼近，與人爭執，招來災害，文書處理不當，招損失，意氣用事，不達目的。

1. 家庭盛極而衰，情愛不相稱，婚事不成，身體防腎臟，腹膜炎，及惡性腫瘤。

2. 財運不佳，從商易招損，市場跌，開張喬遷不宜。

3. 男多女少，先吉後凶，孕生男。

4. 求官求職難，爭訟不利。

5. 考試差。

6. 等人不來，尋人已遠去，失物找不回。

7. 旅行有阻礙有災難。

水天需
```
  ▬▬ 子財
  ▬▬ 戌兄
世 ▬▬ 申兄
  ▬▬ 辰兄
  ▬▬ 寅官
應 ▬▬ 子財
```

第七節　水天需

　　水天需，待機行事，急則誤事。

1. 家庭多事多難，情愛要忍耐，婚事要恆心等，防多病，保養可強壯，有腸胃腦病。

2. 財運世持兄劫財，市場蕭條，開張喬遷不得時。

3. 子女遲得，孕生男。

4. 求官求職要耐心，爭訟不利。

5. 考試不如意。

6. 等人來遲，尋人不易找，失物須慢慢找。

7. 旅行會延遲。

水地比
應━ ━子財
　━━戌兄
　━ ━申兄
世━ ━卯官
　━ ━巳父
　━ ━未兄

第八節　水地比

水地比，朋比和睦，得眾望，有發展，有人助。

1. 家庭和好，興隆，情愛成功，婚大吉，健康長壽。

2. 財運如意市價高，開張喬遷可。

3. 子女相安無事，待親至孝，孕生男。

4. 求官求職，有人提拔，前途好，爭訟大凶。

5. 考試好。

6. 等人帶來歡笑，尋人自動回，失物北或西南找到。

7. 旅行得益，有喜事。